COMO INGRESSAR NUMA UNIVERSIDADE AMERICANA

EMILIO COSTA
COMO INGRESSAR numa UNIVERSIDADE AMERICANA

E A DIFERENÇA QUE ISTO FARÁ NA SUA VIDA

GUIA PARA O ESTUDANTE BRASILEIRO

COPYRIGHT © 2018, BY EMILIO COSTA
COPYRIGHT © FARO EDITORIAL, 2018

Todos os direitos reservados.
Nenhuma parte deste livro pode ser reproduzida sob quaisquer meios existentes sem autorização por escrito do editor.

Diretor editorial **PEDRO ALMEIDA**
Preparação **LUIZA DEL MONACO**
Revisão **BARBARA PARENTE**
Capa e projeto gráfico **OSMANE GARCIA FILHO**
Ilustrações de capa **RETROROCKET E -STRIZH- | ISTOCK**

Dados Internacionais de Catalogação na Publicação (CIP)
(Câmara Brasileira do Livro, SP, Brasil)

Dantas, Emilio
    Como ingressar numa universidade americana / Emilio Dantas. — 1. ed. — Barueri : Faro Editorial, 2018.

    Bibliografia.
    ISBN 978-85-9581-020-4

    1. Universidade e faculdade - Ingresso 2. Universidade americana – Admissão I. Título.

18-13720   CDD-378.4

Índice para catálogo sistemático:
1. Universidade americana : Ingresso : Educação superior 378.4

1ª edição brasileira: 2018
Direitos de edição em língua portuguesa, para o Brasil, adquiridos por FARO EDITORIAL

Alameda Madeira, 162 – Sala 1702
Alphaville – Barueri – SP – Brasil
CEP: 06454-010 – Tel.: +55 11 4196-6699
www.faroeditorial.com.br

SUMÁRIO

CAPÍTULO 1
Por que escrevi este livro 9

CAPÍTULO 2
Dicas para os pais 12

CAPÍTULO 3
O caminho a percorrer 19

CAPÍTULO 4
Por que estudar fora 20

CAPÍTULO 5
Bolsas de estudo 22

CAPÍTULO 6
O candidato atleta 37

CAPÍTULO 7
Por que estudar em uma escola americana? 43
    Montando o seu curso 49

CAPÍTULO 8
As escolas americanas 55
    As universidades particulares 55
    As universidades públicas 57

Particulares x públicas — afinal, qual escolher? **61**

As escolas de *Liberal Arts* **62**

Harvard, Yale, Princeton, Stanford e MIT **65**

Cursos de Medicina, Direito, Odontologia e Veterinária nos EUA . **79**

CAPÍTULO 9
O sistema de admissão às escolas americanas **81**

Notas dos últimos quatro anos **83**

GPA **85**

Testes **89**

O SAT **89**

O SAT Subject Test **102**

O ACT **104**

SAT ou ACT, qual prestar? **109**

O TOEFL e o IELTS **110**

Os três mosqueteiros **113**

Essay ou personal statement **116**

Cartas de recomendação **118**

Atividades extracurriculares e *honors* **120**

Material especial **124**

Entrevistas **126**

Atenção às redes sociais **129**

Transferência entre escolas **130**

De um *community college* para
uma universidade americana **131**

De uma universidade americana para outra
universidade americana **136**

De uma universidade brasileira para uma
universidade americana **139**

CAPÍTULO 10
Como escolher a universidade ideal para você **144**

CAPÍTULO 11
Como aplicar **156**

Common Application 160

Coalition for Access, Affordability, and Success 162

UC — University of California System 163

Outras universidades 166

CAPÍTULO 12
Quando aplicar 168

CAPÍTULO 13
As applications foram enviadas. E agora? 178

CAPÍTULO 14
O visto de estudante 183

CAPÍTULO 15
Como ter sucesso na sua adaptação aos EUA 185

CAPÍTULO 16
Estágio de verão — (*Summer Job*) 192

CAPÍTULO 17
O que dizem os que conseguiram 198

CAPÍTULO 18
E depois da universidade? 206

CAPÍTULO 19
A BRASA — Brazilian Student Association 213

CAPÍTULO 20
Críticas ao sistema de ensino americano 218

CAPÍTULO 21
Mãos à obra 222

Agradecimentos 223

Websites interessantes 226

Termos-chave em inglês 228

Referências 230

CAPÍTULO 1

POR QUE ESCREVI ESTE LIVRO

"Se há um livro que você quer ler, mas que ainda não foi escrito, então você deve escrevê-lo."

TONI MORRISON

Parabéns! É com grande prazer que oferecemos a você uma vaga para a Universidade da Califórnia em Los Angeles — UCLA, com início do curso no outono de 2016.

Você foi selecionado entre o maior grupo de candidatos que já houve nos Estados Unidos — mais de 97 mil estudantes se candidataram à UCLA. Seus talentos e conquistas acadêmicas são excepcionais, e nós sabemos que você terá muito sucesso aqui. Na UCLA, você pode montar seu próprio curso entre 3.800 disciplinas, mais de 125 graduações, mais de 80 especializações, pesquisa individual e aulas organizadas especialmente para você.

O trecho acima faz parte da carta de aceitação que meu filho recebeu da UCLA em 2016. Outras sete renomadas universidades também enviaram cartas aceitando-o. Decidi escrever este livro para você saber como receber uma carta semelhante ao terminar seu terceiro ano do ensino médio.

Para isso, participei de muitas reuniões, apresentações, workshops e li o que pude sobre o assunto. Nessas oportunidades notei tanto a curiosidade quanto a angústia de pais e alunos que, familiarizados com o vestibular brasileiro, não entendiam o sistema de admissão às universidades nos EUA, pois não havia nenhum livro escrito no Brasil que tratasse disso.

O processo de admissão é diferente por lá. No entanto, uma vez compreendido seu funcionamento, vemos que sua preparação não tem segredo, apesar de exigir um trabalho cuidadoso e detalhado.

Lendo este livro você conhecerá cada passo do processo de admissão às escolas nos EUA. Aprenderá como interpretar as informações apresentadas nos sites das universidades, receberá informações sobre como escolher sua universidade ideal e sobre bolsas de estudo, também saberá como avaliar sua situação em relação às escolas desejadas e entenderá como funciona o "vestibular" americano.

Quanto mais cedo você começar a se preparar, maiores serão suas chances. Se você estiver no início do ensino fundamental, ótimo. Se já estiver no último ano do ensino fundamental ou no ensino médio, fique esperto, pois seu desempenho nos quatro últimos anos de escola (do nono ano do ensino fundamental ao terceiro do ensino médio) contarão muito no processo.

Há muitas empresas ou profissionais especializados para ajudá-lo no processo de admissão. Utilizá-los ou não é uma decisão pessoal que dependerá muito dos seus pais, pois envolve um custo. No meu caso, desde o início decidi que contrataria uma dessas empresas para acompanhar o processo do meu filho. O serviço fez uma grande diferença. Muito do que apresentarei neste livro é resultado de conversas e orientações

POR QUE ESCREVI ESTE LIVRO

recebidas por profissionais. Mas isso cada família tem que decidir de acordo com suas possibilidades. É importante saber, contudo, que fazer todo o processo sem nenhuma orientação envolve um risco considerável. A empresa especializada não criará uma imagem falsa do que você é, nem embelezará artificialmente sua vida escolar e pessoal, mas aproveitará ao máximo suas potencialidades.

As pessoas e escolas que analisarão sua candidatura estarão a milhares de quilômetros de distância e tomarão suas decisões baseadas exclusivamente no material que você lhes enviar. Portanto, o material precisa estar impecável, e a ajuda de um especialista será importante nesta hora.

No fim do livro, apresento alguns endereços de empresas especializadas que poderão ser consultadas, mas minha sugestão é que você não se prenda somente a esses nomes e pesquise outros serviços e profissionais que possam auxiliá-lo.

Nos próximos capítulos deste livro, você notará que o ponto mais importante para o sucesso de sua candidatura será seu envolvimento em todas as etapas do processo. Conhecer bem essas etapas é imprescindível. Fique tranquilo, pois apresentarei cada uma delas a você.

Espero que este livro incentive você e seus pais a embarcarem nesta excepcional e gratificante, embora trabalhosa, "aventura" de se candidatar a uma vaga em uma escola americana. Tenha certeza de que, além de receber uma educação de altíssima qualidade, a experiência pessoal e o amadurecimento que virão durante os anos em que você permanecerá nos Estados Unidos farão uma grande diferença na sua vida profissional e pessoal.

CAPÍTULO 2

DICAS PARA OS PAIS

"Quando me dei conta de que meus pais estavam certos,
eu tinha filhos que não acreditavam em mim."

HUSSEIN NISHAH

É natural haver alguma insegurança quando pensamos em enviar nossos filhos para longe. Tomo a liberdade de falar um pouco sobre minha experiência pessoal para auxiliar os pais que ainda enfrentam esta decisão com alguma relutância.

O primeiro ponto para aceitarmos isso com tranquilidade é acreditar que estamos fazendo o que é melhor para eles. A separação não é fácil, mas se estivermos convencidos de que isso será importante para suas vidas, tudo vai se encaixando e passamos a ver o processo como algo natural. Eles crescem, nós os educamos, lhes damos uma boa formação acadêmica e moral, e eles seguem seus caminhos. Mesmo a milhares de quilômetros de distância, estaremos de alguma forma sempre perto deles, pois os meios de comunicação atuais ajudam muito. Somos pais privilegiados neste quesito. Face Time, Skype, Whatsapp, MSN, e sabe-se lá o que mais surgirá daqui para a frente, nos dão a certeza de que poderemos contatá-los, e vê-los, com frequência.

As escolas americanas oferecem um ensino de qualidade, possuem excelente estrutura e são seguras. Além disso, nossos

DICAS PARA OS PAIS

filhos serão educados em inglês, uma língua universal, e assim poderão, se quiserem, construir uma carreira internacional com maior facilidade. Ou poderão voltar para o Brasil com um grande diferencial. Sem contar o incrível *network* que farão, com amigos e contatos mundo afora, pois as escolas americanas recebem pessoas de todos os lugares. Eles terão ainda a possibilidade de obtenção do chamado *double major*,[1] que lhes permite obter duas graduações no término do curso ou uma graduação e uma especialização. Mas essa experiência vai além da parte acadêmica. Eles amadurecem de uma forma sadia. Têm que tomar decisões importantes, aprender a se "virar" quando os problemas surgem. E eles fazem isso de maneira surpreendente, saindo dessa experiência muito mais preparados para enfrentar o mercado de trabalho e, pode-se dizer, a própria vida. Em resumo, acreditar que uma educação nos EUA fará uma grande diferença em suas vidas ajuda em nossa decisão.

Uma vez que nós, os pais, estejamos convencidos de que isto será o melhor para eles, o próximo passo é mostrar-lhes todas as vantagens de empreender essa aventura. Alguns jovens desejam estudar fora por decisão própria ou por influência de amigos, mas muitos se convencem disso por meio de seus pais. Se você acha que este é o melhor caminho para seu filho, minha sugestão é: converse com ele sobre isso desde cedo. Mostre as vantagens de obter uma formação nos EUA. Se a semente for plantada, gerará frutos. Com o tempo, ele passará a ver isso como algo natural. Ao fazer uma viagem aos EUA, visitem uma universidade: os *campi* americanos são muito atraentes para os jovens, com seus imensos gramados bem cuidados, prédios antigos e um constante vai e vem de alunos. Eles se sentirão

---

1 Dupla graduação.

atraídos e motivados. Os anos que eles passarão lá serão inesquecíveis, mas exigirão dedicação. É imprescindível, portanto, que ele seja o maior interessado no processo.

O próximo passo é conhecer, mesmo que um pouco, o processo de admissão. A participação dos pais é importante. O processo é longo e trabalhoso, e há alguns reveses. Nossos filhos podem não ir tão bem quanto desejavam em algum teste, a universidade que eles inicialmente desejavam pode não ser alcançável, eles podem precisar de alguma ajuda no preenchimento de algum formulário ou querer conversar conosco sobre um *essay*.[1] Quando conhecemos o processo, é mais fácil auxiliá-los e incentivá-los. Um ponto importante é a escolha das universidades para as quais eles se candidatarão. Afinal precisamos saber sobre os preços, possibilidades de bolsa, localização e clima. Durante o curso, eles virão para o Brasil com frequência e nós os visitaremos nos EUA. A localização da escola, portanto, conta muito. Acompanhar essa escolha é importante.

Em termos de dicas mais objetivas, comecem a guardar algum dinheiro. Eles podem obter bolsas, mas dificilmente elas cobrirão 100% das despesas. Nesta linha, é interessante abrir uma conta nos EUA, o que é muito fácil: basta possuir um passaporte e um cartão de crédito. E é preciso estar lá pessoalmente. Não há nenhuma ilegalidade nisso. Escolha um desses bancos que têm presença nacional nos EUA. Assim, quando seu filho escolher o lugar para onde deseja ir, provavelmente este banco terá alguma agência na cidade, nas proximidades ou, o que é mais comum, terá ATM (caixa eletrônico) dentro da própria universidade. Há também a possibilidade de abrir uma conta nos EUA por meio de algum banco brasileiro que possua agências lá.

---

1 Redação.

DICAS PARA OS PAIS

No meu caso, abri nos EUA para não ter que pagar tarifas bancárias. Basta manter um certo saldo, que não é alto, e você não pagará tarifa nenhuma. Para enviar dinheiro, procure seu banco aqui no Brasil, alguma corretora, pois essas costumam cobrar taxas menores para remessas, ou pesquise na internet os novos sistemas de envio de recursos existentes. Faça remessas sempre que for possível. Desta forma, quando chegar o momento de seu filho ir, os recursos, ou parte deles, já estarão disponíveis nos EUA. A incerteza cambial é sempre uma preocupação. Mas com uma conta lá, você consegue administrar isso com mais facilidade, fazendo as remessas quando julgar mais interessante.

A melhor combinação que encontrei foi abrir uma conta em meu nome e outra conjunta com meu filho, no mesmo banco. Não importa se você abriu sua conta na cidade X e ele abrirá na cidade Y. Hoje tudo é feito via internet e não exige nossa presença física. Dessa forma, você pode abrir apenas a sua conta e ir fazendo as remessas de acordo com sua conveniência. Mais tarde, quando ele souber para onde vai, abra junto com ele uma conta conjunta no mesmo banco, na cidade onde ele vai morar. Aí fica muito mais fácil transferir recursos da sua conta para a dele, daqui do Brasil, via internet. É muito seguro. Para os alunos, a conta bancária universitária pode ser aberta apenas com o passaporte e o visto de estudante. Nesse caso, eles terão acesso apenas a um cartão de débito, a conta é a mais simples possível, mas mais do que o suficiente para o que eles precisam.

Em geral, as *tuition & fees*[1] são pagas apenas durante 9 meses do ano (nas férias de verão, de junho a agosto, não há pagamento). Já as despesas de *housing,*[2] que incluem alimentação

---

1 Mensalidades escolares e taxas que serão tratadas mais à frente.
2 Moradia.

e moradia, quando eles moram no *campus*, podem ou não ser pagas durante os 12 meses. Mas isso varia de acordo com a universidade ou com os planos que os alunos escolhem, e ele deve verificar nos sites das escolas. Há escolas que aceitam pagamentos mensais, semestrais ou anuais. Cabe aos pais escolherem e não há diferença de preços entre os diferentes planos de pagamento. Em geral, as escolas são bastante flexíveis em relação a isso.

Os estudantes são obrigados a contratar um plano de saúde, a menos que já possuam algum nos EUA. Eles giram em torno de US$ 2 mil anuais e são oferecidos pela própria universidade. Leiam a apólice com atenção para saber o que está incluído no plano e como funciona o atendimento.

Os alunos que moram no *campus* devem ficar atentos às datas de término das aulas durante as férias de verão e de final de ano, indicadas no calendário da escola. Em geral, eles terão que pagar uma diária para a universidade se ficarem um dia além da data prevista. Durante as férias de verão, de duração de 3 meses, eles têm que retirar todos os seus pertences da universidade. É costume eles formarem um grupo e alugarem um depósito para guardar tudo, pois fica bem barato. No fim de março, quando há o chamado *spring break*,[1] é possível que eles permaneçam na universidade, mas em geral tudo estará fechado, até mesmo os refeitórios. Se a escola do seu filho funcionar assim, essas datas de término das aulas serão importantes para a compra das passagens de volta para o Brasil ou para algum outro destino, evitando o pagamento das taxas de estada adicional (na escola do meu filho, cada diária na universidade após o término das aulas custa US$ 70,00).

---

1 Feriado da primavera, em geral de uma semana entre março e abril.

DICAS PARA OS PAIS

Os alunos podem aproveitar as férias de verão para trabalhar (o Capítulo 16 trata sobre o *summer job*[1] com mais detalhes), mas também podem cursar disciplinas para se formarem mais cedo. No caso de cursar disciplinas, eles podem permanecer morando no *campus*. As *tuitions* podem até ser menores nesses meses. Além disso, há inúmeras oportunidades de trabalho durante o período letivo. Eles podem ser assistentes de pesquisas, trabalhar na biblioteca, na livraria ou mesmo nos refeitórios. Apesar de haver um limite de horas semanais permitidas, é uma forma de eles gerarem uma renda extra e irem se adaptando às responsabilidades de um trabalho.

Algumas escolas exigem que os alunos morem no *campus* no primeiro ano, liberando-os para morar fora depois. Para aqueles que não possuem bolsas de moradia pode ser interessante morar fora, pois muitas vezes acaba sendo mais barato. É preciso pesquisar. Eles formam grupos, alugam uma casa e dividem as despesas. De forma geral, alugar uma casa nos Estados Unidos é bem simples, mas é recomendável fazer uma boa leitura do contrato. Se não houver um fiador residente nos EUA, o locador exige o depósito de alguns meses de aluguel como garantia, mas o depósito será devolvido no fim do contrato.

Em geral, após receberem as respostas de aceitação das escolas, os estudantes separam mais de uma opção para a escolha final. Um ponto que traz grande tranquilidade aos pais é visitar essas opções. Sei que nem sempre isso é possível, pois há um custo, mas se os pais, ou pelo menos um deles, puder fazer esta visita, isso ajuda muito. Vemos que eles ficarão em um lugar seguro, com uma estrutura de primeira, e isso nos deixa tranquilos.

---

[1] Estágio de verão, com duração de 3 meses entre junho/julho a agosto/setembro.

Conversar com pais de alunos que já estão estudando nos EUA também pode ser uma grande ajuda, pois percebemos que não há motivos para preocupações e que eles vivem bem lá.

Quando seu filho escolher para qual escola irá, a universidade exigirá do responsável financeiro, que em geral é o pai ou a mãe do aluno, informações sobre a capacidade financeira para mantê-lo nos EUA. Não há necessidade de comprovar que há dinheiro para pagar o curso todo, somente o primeiro ano. Esses recursos realmente precisam estar disponíveis e o banco onde eles estão depositados, seja no Brasil ou em qualquer outro lugar, deverá emitir uma carta dirigida à faculdade comprovando a disponibilidade do dinheiro. Não haverá nenhum bloqueio desse dinheiro em favor da faculdade; a escola simplesmente quer saber se o responsável financeiro possui aqueles recursos à sua disposição.

Acredito que essas dicas cubram pelo menos parte das dúvidas mais frequentes que nós, pais, temos durante e após o término do processo de *application*.[1]

Cada vez que os visitamos ou que eles vêm para o Brasil e vemos a forma sadia como eles estão amadurecendo, e a alegria de estarem vivendo uma experiência tão rica, sentimos que nossos esforços pessoais e financeiros estão valendo a pena.

---

1 Os formulários e documentos que são preenchidos e enviados às universidades americanas pelos candidatos. É comum utilizar-se o termo *"aplicar"* para indicar o ato de se candidatar a uma vaga na universidade. Vou "aplicar" para a universidade "X" (vou me candidatar à universidade "X").

CAPÍTULO 3
O CAMINHO A PERCORRER

> "Aceite os desafios para que você possa sentir a alegria da vitória."
> **GEORGE S. PATTON**

Todos os itens abaixo serão detalhadamente explicados nos próximos capítulos. As nove fatias desta pizza são os passos que você possivelmente terá que percorrer para ser aceito em uma universidade americana. Dependendo da escola ou do curso desejado, nem todos serão exigidos. Veja ao lado do gráfico as probabilidades de que você tenha que percorrê-los. Conhecer bem cada fase e fazer um bom planejamento será a chave para seu sucesso.

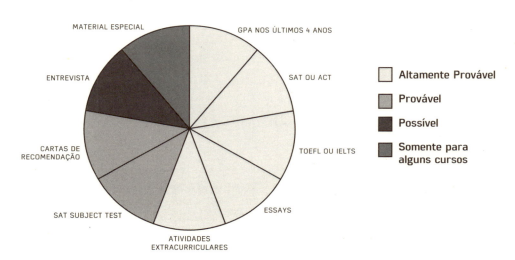

CAPÍTULO 4

POR QUE ESTUDAR FORA

"De onde menos se espera, daí é que não sai nada."

BARÃO DE ITARARÉ

Que o ensino no Brasil vai de mal a pior não é novidade para ninguém. Não sou especialista em educação, portanto, só posso discorrer sobre este assunto como observador. Dessa perspectiva, é lamentável constatar que o Brasil possui um sistema de ensino que, excetuando-se alguns poucos cursos, está longe do desejável.

Alguns jovens dizem que não estudariam fora porque querem ficar aqui e lutar pela melhoria do país. Cada um deve fazer aquilo que julgar melhor para si mesmo, mas agir desta forma pode ser indiferente para o Brasil, mas não será para sua vida. A educação em uma boa universidade americana é um cartão de visitas bem recebido em qualquer lugar do mundo. Além disso, se você deseja contribuir com o Brasil, nada impede que você se eduque nos EUA e volte para o país após o término do curso, ou que vá trabalhar em qualquer outro lugar do mundo. Uma boa educação nos EUA lhe abrirá muitas portas.

Outro aspecto importante a ser levado em conta é que você será educado em inglês, uma língua universal. Há outras línguas belas como o português, e você poderá aprendê-las se

POR QUE ESTUDAR FORA

quiser, inclusive nas próprias universidades americanas, mas antes disso, é fundamental ter um bom inglês.

O que você aprenderá tanto dentro quanto fora da sala de aula será igualmente importante. Sua liberdade para tomar decisões será enorme, mas junto com ela virão as responsabilidades. Que cursos devo escolher e quando? Com quais professores? Será que devo fazer parte do meu curso fora dos EUA, uma vez que praticamente todas as universidades lá oferecem esta oportunidade? Se sim, para onde devo ir? Inglaterra, Itália, França, República Tcheca, África? Estou utilizando meu tempo adequadamente? Quais são minhas responsabilidades em relação ao meu dormitório? Como resolverei aquele problema com meu *roommate?*[1] Aprender a lidar com essas situações contribuirá muito para seu crescimento pessoal e profissional. Serão lições que você guardará por toda a sua vida.

Finalmente, você não estará sujeito às inúmeras incertezas que estão sempre presentes no Brasil e que tão frequentemente paralisam as escolas brasileiras, como greves, invasões, interrupção de aulas e crises orçamentárias que prejudicam estudantes, funcionários e professores.

Pense se vale a pena confiar seu futuro às decisões tomadas por políticos brasileiros, porque é deles que depende a qualidade da educação que você receberá na maioria das universidades aqui. Faça um levantamento das pessoas que ocuparam o cargo de ministro da educação nos últimos anos e veja se eles trataram o assunto com a seriedade merecida.

---

1 Colega de quarto.

CAPÍTULO 5

BOLSAS DE ESTUDO

"Não existe essa coisa de almoço grátis."
Frase de autoria desconhecida,
popularizada pelo economista americano
MILTON FRIEDMAN.

Este é um dos assuntos sobre o qual os brasileiros mais se equivocam. Como não existe ensino superior gratuito nos EUA, é preciso saber de onde virão os recursos para financiá-lo, e há muita desinformação em quase todas as matérias sobre bolsas de estudo apresentadas no Brasil. Veja abaixo as manchetes de dois artigos cujos *links* você encontra nas *Referências,* no fim do livro:

"Com bolsa de estudos, aluno de escola pública realiza sonho de estudar em Harvard".

"Ex-aluno de escola pública é aprovado em dez universidades americanas."

No primeiro caso, o aluno recebeu 100% de bolsa, no segundo, 97%. Matérias desse tipo dão a impressão de que bolsas de estudo de 100% são comuns nos EUA. A realidade, no entanto, não é esta.

De acordo com o relatório 2015/2016 do IIE — Institute of International Education, a fonte primária de recursos para estudantes internacionais de graduação nos EUA se divide da seguinte forma:

Fonte de Recursos para Estudantes Internacionais de Graduação nos EUA nos anos 2015/16	
FONTE	%
Pessoal & Família	81,20
Governos ou universidades estrangeiras	9,00
Universidades americanas	7,40
Patrocinador privado estrangeiro	0,90
Patrocinador privado dos EUA	0,40
Governos dos EUA	0,20
Organizações internacionais	0,10
Empregador atual	0,00
Outras Fontes	0,80

Fonte: relatório 2015/2016 do IIE – Institute of International Education

Veja que a principal fonte de recursos é, de longe, dinheiro do próprio estudante e de sua família. Em segundo lugar, vêm os governos ou universidades estrangeiras e, em terceiro, as universidades americanas. As demais fontes são restritas.

Na tabela a seguir, obtida no mesmo relatório, são apresentados os 10 países que mais enviam estudantes para os EUA, incluindo todos os tipos (graduação, pós-graduação e cursos que não oferecem diploma).

Os 10 Países que mais enviam estudantes para os EUA – Inclui todos os tipos de estudantes 2015/16		
PAÍS	Nº ESTUDANTES	%
Total do Mundo	1.043.839	100,00
China	328.547	31,50
Índia	165.918	15,90
Arábia Saudita	61.287	5,90
Coreia do Sul	61.007	5,80
Canadá	26.973	2,60
Vietnã	21.403	2,10
Taiwan	21.127	2,00
Brasil	19.370	1,90
Japão	19.060	1,80
México	16.733	1,60

China, Índia, Arábia Saudita e Coreia do Sul representam em torno de 60% dos estudantes estrangeiros.

Em relação aos principais destinos dos estudantes internacionais nos EUA, nos anos 2015/2016, segue uma relação das dez escolas que possuem mais alunos estrangeiros. Um em cada três estudantes internacionais vai para a Califórnia, Nova York ou Texas.

BOLSAS DE ESTUDO

As 10 Instituições que mais receberam estudantes internacionais nos EUA nos anos 2015/2016	
INSTITUIÇÃO	Nº ESTUDANTES
New York University – Nova York	15.543
University of Southern California – Los Angeles	13.340
Arizona State University – Tempe	12.751
Columbia University – Nova York	12.740
University of Illinois – Urbana-Champaign	12.085
Northeastern University – Boston	11.702
University of California – Los Angeles	11.513
Purdue University – West Lafayette	10.563
Boston University – Boston	8.455
University of Washington – Seattle	8.259

Esses dados mostram que há um grande número de estudantes internacionais nos EUA, vindos de praticamente todos os países do mundo. Muitos se candidatarão a bolsas de estudo, portanto, a briga é grande.

Para esclarecer este assunto, sempre confuso no Brasil, montei a seção seguinte, na forma de perguntas & respostas, que apresenta de maneira direta e honesta o que você, um estudante brasileiro, pode esperar em relação a bolsas de estudo na terra do Tio Sam. Parte das informações obtive com Felipe Fonseca, sócio da empresa *Daquiprafora*.

Há escolas superiores gratuitas nos EUA?

Não.

Mas o que são as escolas públicas americanas?

Isso será respondido com detalhes no Capítulo 8. Mas elas não são gratuitas.

Há bolsas para estudantes brasileiros?

Sim.

Há bolsas de 100%?

Sim, mas não são comuns. De acordo com o autor do livro *Secrets to Winning a Scholarship*,[1] Mark Kantrowitz, menos de 20 mil estudantes por ano recebem bolsas que cobrem 100% de suas despesas, o que equivale a 0,3% dos estudantes matriculados em cursos com duração de quatro anos nos EUA.

O Governo Federal Americano oferece bolsas para brasileiros?

Não.

Onde os brasileiros podem obter bolsas?

Nas universidades às quais eles se candidatarão. Aproximadamente 40% das bolsas nos EUA, considerados todos os estudantes, são concedidas pelas próprias escolas.

Quem mais pode oferecer bolsas para brasileiros?

Há instituições que oferecem. Mas o número dessas bolsas é pequeno quando comparado ao oferecido pelas escolas (após esta seção de perguntas e respostas, apresentarei a Fundação Estudar, uma das mais importantes dessas instituições no Brasil).

Quais são as bolsas oferecidas pelas escolas?

Há dois tipos: as *need-based aid*[2] e as *merit-based aid*.[3] A primeira é concedida a quem não possui recursos e a segunda a

---

1 Segredos para ganhar uma bolsa de estudos
2 Auxílio por necessidade financeira.
3 Auxílio por mérito.

BOLSAS DE ESTUDO

quem possui méritos. Há também bolsas para atletas (apresentadas no próximo capítulo).

O que são esses méritos?

Boas notas nos quatro últimos anos escolares (do nono ano do ensino fundamental ao terceiro ano do ensino médio), bons *scores* nos testes exigidos, destacadas conquistas intelectuais e importantes atividades extracurriculares (todos esses pontos são apresentados no Capítulo 9).

Um candidato pode receber uma bolsa por mérito mesmo que ele possua recursos para pagar a universidade?

Sim. Se a escola desejar muito um candidato, por considerá-lo intelectual e culturalmente interessante, ela pode oferecer uma bolsa por mérito para que ele vá para aquela escola.

Candidato internacional recebe bolsas por necessidade financeira?

Sim, desde que ele possua méritos.

Como assim? Qual a diferença, afinal, das bolsas por mérito e por necessidade?

Um americano pode receber uma bolsa por necessidade do governo americano mesmo que não tenha méritos. O caso é diferente para estudantes internacionais, pois as escolas têm orçamentos, e parte deles é reservada para a concessão de bolsas de estudo. Assim, elas utilizarão esses recursos para atrair alunos talentosos, ou seja, aqueles que possuem méritos.

E aquelas palestras em que a universidade diz oferecer bolsas por necessidade financeira para internacionais?

Algumas universidades dirão que oferecem bolsas por mérito e muitas dirão que oferecem por necessidade financeira.

Nenhuma dessas escolas, no entanto, oferecerá bolsas unicamente por necessidade financeira. Se o candidato tiver méritos, a universidade oferecerá ajuda.

Então o que importa é o mérito?

Sim. A forma de um candidato brasileiro obter uma bolsa de estudos nos EUA é por mérito. Se o candidato for muito talentoso, há chance de obtenção até de uma bolsa integral, caso dos dois alunos citados naquelas matérias do início deste capítulo. Mas há muitas bolsas parciais que cobrem boa parte das despesas escolares. O aluno pode acabar pagando, com tudo incluído, o mesmo que pagaria em uma escola particular no Brasil, ou até menos.

O candidato precisa indicar que necessita de bolsa?

Sim. Na *application* haverá um espaço disponível para indicar se o candidato precisa de *financial aid*[1] ou não.

Como a universidade calcula o valor da bolsa?

A universidade solicitará uma série de documentos, como a Declaração de Imposto de Renda dos pais ou do responsável financeiro. Essas informações serão utilizadas para a escola calcular qual será a contribuição financeira anual que a família poderá fazer.

Quer dizer que o candidato pagará parte da sua educação?

Sim. Na cultura americana é natural que as famílias façam sacrifícios financeiros para educar seus filhos. Por exemplo, se a família possuir uma casa de campo ou de praia, é possível obter um financiamento bancário oferecendo esses bens como

---

1 Ajuda financeira.

garantia. Este é o raciocínio americano, que pode ocorrer até mesmo em relação à casa própria.

Quem, afinal, recebe bolsas de 100%?

Dois tipos de candidatos. Um é o candidato tão talentoso que as escolas mais competitivas oferecem uma bolsa de 100% para tê-lo como aluno, quer ele precise ou não. O outro é aquele também muito talentoso, que precisa de bolsa, e que se candidata às escolas mais competitivas e a outras, também excelentes, mas menos competitivas. Essas últimas, sabendo que ele tem possibilidade de ser aceito pelas mais competitivas, mas talvez não com uma bolsa integral, oferecem 100% de bolsa para atraí-lo.

O candidato tem tratamento diferenciado se disser que precisa de bolsa ou não?

Se houver dois candidatos similares, um que precisa de bolsa e outro que não precisa, é fácil imaginar qual deles a universidade vai escolher. As escolas dizem que são *need-blind*,[1] mas é difícil acreditar nisso como regra geral. Se uma universidade estiver com um orçamento apertado em determinado ano, até mesmo bons candidatos não serão aceitos se precisarem de bolsa, a menos que sejam realmente excepcionais. Portanto, a resposta à pergunta acima é sim, há tratamento diferenciado. Você raramente ouvirá isso em apresentações de escolas, mas esta é a mais pura verdade.

---

1 É aquela escola que no momento da aceitação não faz nenhuma diferenciação entre alunos que precisam e que não precisam de bolsa.

Dá para explicar um pouco mais como são essas escolas que utilizam um processo de admissão *need-blind*?

São aquelas que, para aceitação, não fazem nenhuma diferenciação entre quais alunos precisam e quais não precisam de bolsa. No momento de analisar um candidato, o *Admissions Committee*[1] não sabe se ele indicou que precisa de bolsa. Se o candidato for escolhido, a escola garantirá os recursos necessários para sua educação, mesmo que seja necessária uma bolsa de 100%.

O *need-blind* vale para os brasilerios?

Sim, mas de acordo com especialistas, apenas 5 escolas são *need-blind* para estudantes internacionais: MIT, Harvard, Princeton, Yale e Amherst College. Essas escolas estão entre as mais competitivas do mundo.

O candidato pode indicar na *application* que não precisa de bolsa e depois de ser aceito dizer que precisa?

Não. O candidato será eliminado. Primeiro porque o orçamento da escola considerou que ele pagaria seus estudos, e segundo, e mais grave, porque o candidato mentiu.

Quanto, em média, um brasileiro recebe de bolsa?

Os bolsistas brasileiros pagam em torno de US$ 35 mil a US$ 38 mil por ano (mensalidade escolar + moradia + alimentação). Sem bolsa, uma universidade pode custar até US$ 60 mil. A bolsa possibilita, portanto, em média, uma economia de quase 50%.

---

[1] Comitê de Admissões (pessoas que definirão quais candidatos serão aceitos ou não).

BOLSAS DE ESTUDO

A FUNDAÇÃO ESTUDAR (FE)

Em uma visita à Fundação Estudar (FE), localizada em São Paulo, realizei a entrevista transcrita abaixo. A Fundação Estudar surgiu em 1991 como um programa de bolsas de estudo, que continua sendo um dos seus pilares de atuação, além dos cursos de carreira, preparatório para estudar fora e portais de conteúdo. Ela recruta e seleciona, em média, 30 estudantes por ano para cursos de graduação e pós-graduação, no Brasil e no exterior. O foco da nossa conversa foram os alunos de graduação no exterior. Dos 30 estudantes selecionados por ano, em torno de 10 se encaixam nesta categoria, com a maioria indo para os EUA.

Quem são os candidatos que a FE deseja em seu programa de bolsas?

Aqueles com idade entre 16 e 35 anos, sem nenhuma restrição em relação à área que desejam estudar ou perfil econômico, que possuam "aquele brilho nos olhos" e que pretendam aplicar o que aprenderão no desenvolvimento do Brasil, mesmo que seja apenas localmente, em seu estado ou cidade.

O bolsista é obrigado a voltar para o Brasil depois do curso?

Não. Acreditamos que uma pessoa possa auxiliar o país mesmo vivendo fora, por exemplo, trabalhando em uma instituição como a ONU ou em alguma empresa multinacional que tenha relacionamento com o país.

Como é o processo seletivo da FE para o preparatório para estudar fora?

Reproduz um pouco a *application* de uma universidade americana com teste de inglês, teste de lógica, uma redação que explique por que o aluno quer estudar fora, informações sobre seus prêmios, suas conquistas acadêmicas ou esportivas e um vídeo contando sua história.

E o processo seletivo para o programa de bolsas?

O processo seletivo para o programa de bolsas da Fundação Estudar é composto por sete etapas, consecutivas e eliminatórias: inscrição de dados pessoais, acadêmicos e profissionais; testes de perfil e raciocínio lógico; envio de vídeo e preenchimento de questionário; entrevista de competências; painel com ex-bolsistas da Fundação Estudar; entrevista para aprofundamento de trajetória e uma entrevista final.

Quando o processo seletivo para o preparatório para estudar fora é realizado?

No primeiro trimestre de cada ano. Maiores informações podem ser obtidas no site da FE (www.estudar.org.br). Se o aluno for aprovado, os trabalhos começam em maio para que as *applications* sejam enviadas em dezembro.

E quando o processo seletivo para o programa de bolsas é realizado?

O processo seletivo para o programa de bolsas da Fundação Estudar normalmente recebe inscrições de janeiro a março de cada ano, com aprovações divulgadas em meados de junho.

Quantos candidatos a FE recebe por ano para o preparatório para estudar fora?

No ano passado, houve 365 candidatos para 40 vagas para o preparatório para quem deseja estudar no exterior.

E quantos são o candidatos para o programa de bolsas?

Já para o programa de bolsas, foram cerca de 60 mil interessados e 26 aprovados para graduação no Brasil, graduação no exterior, intercâmbio ou duplo diploma e pós-graduação no exterior. Destes 26 aprovados, dez foram cursar graduação no exterior.

Qual o momento ideal para o aluno procurar a FE?

Para as bolsas de estudo, podem se candidatar jovens de até 34 anos que estão em processo de aceitação, matriculados ou cursando o ensino superior em uma das quatro categorias de bolsa elegíveis: graduação completa no Brasil, intercâmbio acadêmico de graduação ou duplo diploma no exterior, graduação completa no exterior e pós-graduação no exterior (MBA, LLM, mestrado, doutorado e pós-doutorado).

Para se candidatar ao preparatório para estudar fora, o jovem deve estar no último ano do ensino médio ou ser recém-formado do ensino médio.

E antes disso?

A FE oferece apoio por meio dos portais Estudar Fora (www.estudarfora.org.br) e Na Prática (www.napratica.org.br). Esses portais podem ser acessados livremente e apresentam reportagens, entrevistas, e-books, vídeos e cursos por e-mail. O Na Prática tem como objetivo auxiliar os jovens a decidir sobre sua carreira, enquanto o Estudar Fora fala sobre o processo de estudo no exterior — ambos com foco na construção de uma trajetória de sucesso.

E como são os candidatos que obtêm uma bolsa da FE?

São alunos que demonstram uma trajetória de conquistas e que tenham causado algum impacto, seja na escola, seja na comunidade. Muitos obtiveram alto desempenho em olimpíadas acadêmicas ou em campeonatos esportivos. O mais importante é que sejam jovens que não tenham se acomodado com estas conquistas, que queiram continuar progredindo.

EMILIO COSTA

Você pode dar alguns exemplos dessas conquistas?

Pode ser um aluno focado em gestão de saúde, cujo objetivo é melhorar a forma de coletar e guardar dados que serão usados por hospitais e médicos. Ou outro que tenha desenvolvido aplicativos com milhares de usuários ou que já tenha fundado uma pequena empresa. Esses são apenas alguns exemplos, pois as conquistas podem abranger qualquer área.

Qual é o auxílio oferecido aos jovens selecionados para o preparatório da FE?

A FE auxilia o jovem em todo o processo de candidatura, desde as orientações iniciais, escolha das universidades, revisão do material, até o envio final da *application*.

E para os bolsistas?

Já para os bolsistas selecionados para o Programa de Bolsas, a FE cobre até 95% das despesas totais dos alunos — seja no Brasil ou no exterior. Durante os quatro anos de curso (ou mais), os alunos contam com a mentoria da FE, que os orienta sobre quaisquer assuntos como, por exemplo, a melhor forma de se preparar para uma entrevista de estágio ou mesmo na solução de algum problema pessoal. Mas a participação da FE não se encerra aí. Após sua formatura, o então ex-bolsista continua fazendo parte da FE por meio de um vasto *networking* e, principalmente, se tornando um mentor para os próximos bolsistas. Trata-se, portanto, de uma ligação vitalícia, que vai muito além da ajuda financeira.

O valor que a FE concede ao bolsista deve ser restituído?

Sim, mas de forma voluntária. Não há nenhuma obrigação formal ou contrato de empréstimo. Não há prazo para esta devolução, que ocorre da maneira que o ex-bolsista desejar.

BOLSAS DE ESTUDO

Muitos ex-bolsistas devolvem mais do que receberam, especialmente no caso dos bolsistas de graduação no exterior. Muitos também costumam aplicar para bolsas das universidades e neste caso, quando conseguem apoio financeiro da instituição de ensino, a bolsa da FE torna-se complementar.

Qual a fonte de recursos da FE?

Restituição de ex-bolsistas que receberam apoio financeiro na época dos estudos, doações, seja de ex-bolsistas ou não, e uma série de programas com foco em carreira, organizados pela FE, dirigidos a universitários e recém-formados aqui no Brasil, como workshops de liderança, de autoconhecimento, mercado, etc.

A FE ajuda o bolsista a se preparar para os testes (SAT, TOEFL)?

No caso do bolsista, não. Já no caso dos jovens selecionados para o preparatório para estudar no exterior, sim — auxiliando até mesmo no pagamento destes testes, se necessário. Há ainda os conteúdos gratuitos no Estudar Fora, com orientações em texto e vídeo para os testes — e estão disponíveis para todos os brasileiros.

A FE trabalha com atletas?

Trabalhamos com estudantes de maneira geral, sem nenhuma diferença entre atletas ou não. Todos os processos são conduzidos da mesma maneira.

O candidato precisa ser aceito por uma universidade bem colocada nos rankings universitários para receber a bolsa?

Não há restrição de área nem de universidade. Como os alunos da FE são muito preparados, em geral eles são aprovados nas escolas mais competitivas.

Para quantas universidades, em média, os alunos do preparatório para estudar fora aplicam?

Entre sete e dez, assim divididas: um terço delas são escolas muito concorridas, onde a aceitação é muito competitiva; um terço, escolas onde o candidato tem boa chance de ser aceito e; um terço, escolas onde o candidato tem grande chance de ser aceito. É uma forma de auxiliar o aluno a ter mais chances de ser aceito em pelo menos uma das escolhidas. Em geral, os alunos da FE são aceitos em diversas, incluindo as mais competitivas.

O que os alunos mais apreciam na experiência de estudar fora?

A flexibilidade curricular das escolas americanas, a independência, o amadurecimento e o desafio que o processo de estudar fora proporciona, o rápido e grande progresso no domínio do inglês e, principalmente, a riqueza cultural fornecida pela educação em uma boa universidade.

CONCLUSÃO DO AUTOR

Há muitas bolsas de estudo para alunos internacionais nos EUA, mas sua obtenção dependerá dos méritos do candidato: quanto maiores esses méritos, maior será a chance de obter uma bolsa e, mais importante, maior o valor dessa bolsa. Há bolsas oferecidas por outras fontes, mas elas são poucas e a concorrência é grande. Portanto, capriche nos estudos, tenha boas notas, faça o melhor que você puder nos testes e dedique parte de seu tempo a atividades fora da sala de aula. Vou falar sobre tudo isso nos próximos capítulos.

CAPÍTULO 6
O CANDIDATO ATLETA

"Não é a vontade de vencer que importa – todo mundo tem isso. É a vontade de se preparar para vencer que importa."

PAUL "BEAR" BRYANT

A forma de admissão de um candidato atleta é diferente daquela de um candidato acadêmico. A seção de perguntas & respostas a seguir esclarecem como a admissão funciona se você pretende se candidatar a uma bolsa como atleta. Neste capítulo, contei com grande colaboração de Gustavo Zanette, da *Daquiprafora*.

Vou precisar passar por todos os testes – SAT, TOEFL, etc. – exigidos de um candidato acadêmico?

Sim, você precisará prestar os mesmos testes exigidos dos candidatos acadêmicos.

As notas que devo tirar nesses testes devem ser as mesmas de um candidato acadêmico?

Não. Há notas mínimas exigidas pelas ligas, mas não são as mesmas exigidas dos candidatos acadêmicos.

Que ligas são essas?

As escolas podem pertencer a diferentes ligas: a NCAA[1] Divisão (D) 1, 2 ou 3; a NAIA[2] e a NJCAA.[3] Para saber a qual liga determinada escola pertence, basta pesquisar em seu site.

Qual a diferença entre as ligas?

Elas têm diferentes tamanhos, relacionados ao número de modalidades esportivas e campeonatos, diferentes regras de recrutamento, diferentes exigências de notas nos testes e médias escolares, diferentes níveis esportivos e, o mais importante, diferentes recursos para bolsas. A NCAA D1 é a mais competitiva e a D3 é a que mais oferece bolsas, mas para obtê-las é preciso ser um bom aluno. Visite o site das ligas para obter informações detalhadas e assista a alguns jogos no YouTube para observar o nível dos atletas.

Em qual liga os atletas internacionais mais jogam?

Na NCAA D2 e na NAIA. Essas duas ligas são fortes, mas possuem menos regras e regulamentos do que a NCAA D1. De todas, a NJCAA é a menos exigente, mas é uma liga apenas dos *Community Colleges*[4] (essas escolas são mencionadas no Capítulo 9).

A Ivy League[5] oferece bolsas esportivas?

Não. Elas formam um caso especial, pois pertencem à D1, mas não oferecem bolsas esportivas.

---

1 National Collegiate Athletic Association.
2 National Association of Intercollegiate Athletics.
3 National Junior College Athletic Association.
4 Faculdade pública municipal que oferece cursos de dois anos.
5 A origem do nome Ivy League é controversa e oito escolas a compõem: Brown, Columbia, Cornell, Dartmouth, Harvard, Pennsylvania, Princeton e Yale.

Se eu cumprir o exigido pela liga (testes, notas) serei automaticamente aceito como atleta na universidade que eu desejo?

Não. Uma coisa é atender às exigências da liga à qual a universidade pertence, outra é cumprir as exigências da universidade.

E qual é o critério da universidade?

Sua aceitação dependerá do seu nível esportivo. Cumpridas as exigências da liga, se a universidade tiver interesse em tê-lo como atleta, ela o aceitará, independentemente das notas que você possui.

Como meu nível esportivo será avaliado?

Por meio das informações fornecidas aos técnicos com o quais você entrará em contato. Há esportes que são mais facilmente avaliados. Por exemplo, na natação há os tempos conseguidos em cada prova. No tênis, além dos *rankings*, há torneios conhecidos. No futebol, os vídeos que você fez. Você enviará, portanto, seu *curriculum* esportivo, seus vídeos, o que for necessário e solicitado pelos técnicos. Os técnicos avaliarão se você é um candidato interessante ou não com base neste material.

Quais são os esportes que oferecem mais bolsas?

Os esportes femininos têm maior preferência, pois a oferta de atletas é menor. Os principais esportes femininos são futebol, vôlei, tênis e natação. Os esportes masculinos que mais oferecem bolsas são futebol americano e basquete, mas os brasileiros praticamente não conseguem bolsas nesses esportes em função do alto nível técnico exigido. Assim, no caso dos esportes masculinos para brasileiros, tênis, em geral, oferece mais bolsas, seguido de futebol (*soccer*) e natação.

E se eu praticar um esporte diferente desses?

Você pode procurar nos limites de valores de *scholarship funding*[1] da NCAA. Essa informação é pública.

Como escolher as universidades às quais posso me candidatar?

Você deve escolhê-las de acordo com seus níveis acadêmico e esportivo. Neste momento, a ajuda de um especialista é muito importante. Ele poderá indicar quais escolas teriam interesse em um candidato com suas qualificações acadêmicas e esportivas, além de orientar seu contato com os técnicos.

Para quantas escolas devo me candidatar?

Não há limite. No entanto, o mais comum para o candidato brasileiro é entrar em contato com os diversos técnicos das escolas pretendidas para ver o que cada um deles oferece, escolher a proposta mais interessante e aplicar somente para aquela escola. É uma forma de ganhar tempo.

Devo fazer os contatos com os técnicos antes ou depois da realização dos testes (SAT, TOEFL)?

Em geral, você contatará os técnicos já tendo suas notas nos testes. Desta forma, eles saberão se você cumpre as exigências da liga e da escola.

Quando devo começar a fazer os contatos com os técnicos?

Um ano antes da data limite para envio das *applications*. Tomando o mês de dezembro como limite (esta data deve sempre ser verificada, pois há universidades cuja data limite é anterior a dezembro), o ideal é iniciar os contatos em dezembro do

---

1 Recursos para bolsas.

ano anterior ou janeiro do próprio ano de envio. Portanto, se sua escola no Brasil utiliza o período escolar brasileiro, os contatos começarão no término do terceiro ano do ensino médio. Se sua escola utiliza o período escolar americano, será no meio do último ano do *high school*.[1]

Minha *application* seguirá o mesmo caminho de um candidato acadêmico?

Sim e não. Após se acertar com o técnico, você preencherá os mesmos formulários de um candidato acadêmico. Só que, diferente daqueles, o técnico já terá avaliado seus testes e notas e você já estará aceito.

Como as informações sobre a bolsa são oficializadas?

Por meio de uma carta chamada *National Letter of Intent-NLI*. Nesta carta, você assume o compromisso de ir para a escola indicada e a escola assume, por escrito, que fornecerá a bolsa, indicando seu valor.

Em geral, quanto um candidato atleta brasileiro paga por ano, independentemente da universidade escolhida?

Em geral, um atleta brasileiro paga em torno de US$ 17.000,00 por ano, com tudo incluído (escola, alimentação e moradia). Considerando-se que um estudante sem bolsa paga entre U$ 30 mil e U$ 60 mil por ano, pode-se perceber que a bolsa esportiva é bem interessante.

---

1 O equivalente ao 9º ano do ensino fundamental mais os 3 anos do ensino médio no Brasil.

Terei um contrato garantido de 4 anos para terminar o curso?

Não. A bolsa esportiva é de quatro anos, renovável a cada ano. Esta renovação dependerá de seu desempenho técnico, das notas obtidas na universidade, do seu relacionamento com os colegas e com seu técnico e de seu comportamento, entre outros aspectos. Se você não cumprir o esperado, o contrato pode ser rescindido e a bolsa será cancelada. Você terá, então, que pagar as despesas totais ou se transferir para outra universidade que o aceite como atleta

CAPÍTULO 7

POR QUE ESTUDAR EM UMA ESCOLA AMERICANA?

"É no junto do que sabe bem, que a gente aprende o melhor."

GUIMARÃES ROSA,
GRANDE SERTÃO VEREDAS

OS RANKINGS UNIVERSITÁRIOS

Uma maneira de avaliar a qualidade de ensino é por meio de *rankings*,[1] embora essa seja uma forma de análise sujeita a críticas, uma vez que os *rankings* usam critérios que nem sempre consideramos importantes para uma boa educação. No entanto, os *rankings* podem ser um bom começo para escolha das faculdades para as quais você se candidatará. O ideal é utilizar os *rankings* como base e ir fazendo ajustes de forma a encontrar a escola que seja ideal para você.

Portanto, a menos que você seja um especialista em educação ou saiba exatamente onde deseja estudar, você terá que recorrer aos *rankings*. Depois basta ir ajustando a lista de escolas de acordo com a área desejada, custo, bolsa de estudo, localização, clima, notas nos testes e média de aproveitamento escolar. No Capítulo 10 há dicas importantes sobre como fazer esta

---

1 Classificação de diversas escolas dentro de critérios preestabelecidos. A primeira escola do *ranking* é aquela que se saiu melhor na classificação.

EMILIO COSTA

pesquisa. Uma orientação especializada neste momento, no entanto, pode fazer uma grande diferença, pois empresas que atuam na área conhecem particularidades das diversas escolas que muitas vezes escapam à nossa percepção.

Há muitos rankings de universidades. Dentre eles, destacam-se: o *U.S. News & World Report*, o mais antigo e um dos mais conhecidos, que classifica as universidades em termos nacionais (*Best National Universities*) e internacionais (*Best Global Universities*); o *QS World University Rankings*; o *Times Higher Education* (*THE*); o *Shanghai Jiao Tong*; o *Washington Monthly*; o *Center for Measuring University Performance*, e assim por diante.

Cada um desses *rankings* possui critérios próprios de avaliação das escolas e, por esse motivo, uma mesma escola pode ter colocações diferentes em diferentes *rankings*. A seguir serão apresentados alguns dados resumidos sobre eles. Para informações mais detalhadas, faça uma pesquisa no *Google* digitando o nome desses rankings, e você obterá dados sobre suas particularidades e, principalmente, sobre a colocação completa das diversas escolas.

Veja, por exemplo, a lista do ano 2017 da *U.S. News & World Report* das *Best National Universities*[1] até a 20ª posição (algumas estão empatadas e, portanto, suas colocações são repetidas):

1. Princeton University

2. Harvard University

3. University of Chicago

3. Yale University

5. Columbia University

5. Stanford University

7. Massachussets Institute of Technology – MIT

---

1 Melhores universidades somente entre as nacionais (americanas).

8. Duke University

8. University of Pennsylvania

10. Johns Hopkins University

11. Dartmouth College

12. California Institute of Technology

12. Northwestern University

14. Brown University

15. Cornell University

15. Rice University

15. University of Notre Dame

15. Vanderbilt University

19. Washington University in St. Louis

20. Emory University

20. Georgetown University

20. University of California – Berkeley

É possível que a lista acima tenha nomes que você desconheça, mas todas são escolas de excepcional qualidade, listadas entre as melhores do mundo, e cujos processos de admissão são altamente competitivos.

Veja agora as 20 primeiras do *2017 Best Global Universities,*[1] também da *U.S. News& World Report* (como algumas escolas têm a mesma posição, as 20 primeiras chegam somente até a 19ª colocação):

1. Harvard University

2. Massachussets Institute of Technology-MIT

3. Stanford University

4. University of California-Berkeley

---

1 Melhores Universidades Globais (consideradas as escolas de mais de 60 países).

EMILIO COSTA

5. California Institute of Technology
6. University of Oxford
7. University of Cambridge
8. Princeton University
9. Columbia University
10. University of California, Los Angeles–UCLA
11. Johns Hopkins University
11. University of Washington–Seattle
13. University of Chicago
14. Yale University
15. University of California–San Diego
16. University of California–San Francisco
17. University of Michigan–Ann Arbor
17. University of Pennsylvania
19. Duke University
19. Imperial College – London

Este último *ranking* analisa universidades dos EUA juntamente com outras de mais de 60 países, e as classifica conforme 12 indicadores que medem o desempenho de suas pesquisas acadêmicas e suas reputações regionais e globais.

Considerando apenas as escolas dos EUA, veja como suas colocações diferem nos dois *rankings*. Princeton, que ocupa o topo no primeiro *ranking*, está em 8º no segundo. A *University of Chicago*, que ocupa a 3ª colocação no primeiro, está na 13ª no segundo. A *University of California Berkeley*, 4ª no segundo, aparece em 20º no primeiro. As universidades UCLA, *Washington Seattle*, *Michigan Ann Arbor*, *University of California San Diego* e a *University of California San Francisco*, que não são citadas no primeiro *ranking*, aparecem no segundo, entre as 20 melhores do mundo.

A explicação para esta diferença está na metodologia utilizada em cada um dos *rankings*. O *Best National Universities* usa

POR QUE ESTUDAR EM UMA ESCOLA AMERICANA?

critérios como seletividade na escolha dos estudantes, opinião de ex-alunos e recursos financeiros disponíveis, o que favorece as escolas privadas, pois o *endowment*,[1] recursos e outros ativos doados por ex-alunos, são significativamente maiores nessas escolas. A única universidade pública que aparece naquele *ranking* é Berkeley, em 20º lugar. Todas as outras são privadas.

Já no caso do *Best Global Universities*, os critérios são diferentes. As reputações global e regional da escola e a relevância de suas publicações são fatores importantes, entre outros. Nenhum dos critérios aqui envolve os recursos que a universidade possui. Neste caso, entre as 20 primeiras, seis são públicas e duas delas, Berkeley e UCLA, estão entre as 10 melhores do mundo.

Este exemplo é interessante, pois demonstra que o mesmo avaliador, a *U.S. News & World Report*, chegou a resultados significativamente diferentes nas duas listas por causa da metodologia e informações utilizadas. Isso serve como um alerta. Embora os *rankings* sejam úteis e importantes, deve-se levar em conta as particularidades de cada um. Este fenômeno se repete em diversos outros *rankings*. Faça uma pesquisa na internet, escolhendo outro *ranking* qualquer, e veja a posição das diversas escolas.

Não é objetivo deste texto responder qual desses rankings é o melhor. Opiniões de especialistas sobre este assunto podem ser obtidas na internet. O importante é entender que os *rankings* levam em consideração diferentes características das diversas escolas. Desta forma, pode ser interessante você pesquisar alguns dos rankings para ver o que pesa mais em cada um e quanto aquele peso é importante para você.

---

[1] Recursos da escola provenientes de doações.

EMILIO COSTA

O RANKING DAS UNIVERSIDADES AMERICANAS

Analisando alguns *rankings* anteriores a 2017, notamos que no *2016 Best Global Universities*, 53 universidades americanas se encontravam entre as 100 primeiras colocadas. As três primeiras brasileiras citadas estavam em 117º, 288º e 305º lugares. No *QS Top Universities 2015/2016*, das 100 primeiras, 30 eram americanas. As três primeiras brasileiras estavam em 143º, 195º e 323º lugares. No *World University Rankings 2015/2016*, da *Times Higher Education*, das 100 primeiras, 39 eram americanas. As três primeiras brasileiras estavam em três diferentes grupos (sem classificação individual), de 201º-250º, de 351º-400º e de 501º-600º. E, finalmente, no *Shanghai Jiao Tong 2015*, das 100 primeiras colocadas, 50 eram americanas. As brasileiras foram novamente classificadas dentro de grupos: a primeira de 101º-150º, a segunda e a terceira de 301º-400º.

Mesmo sabendo que os *rankings* são subjetivos, vê-se que muitas escolas americanas figuram entre as 100 melhores. Quando se considera as 50 ou 100 melhores escolas americanas, independentemente do *ranking* escolhido, têm-se instituições excepcionais, tanto em termos acadêmicos quanto em recursos e possibilidades de aprimoramento. É compreensível que os estudantes queiram ir para as escolas mais competitivas, onde o nível de ensino e as oportunidades de *networking*, estágios e intercâmbio com universidades estrangeiras são excepcionais. Além disso, os alunos nessas escolas tendem a estudar um pouco mais em função da pressão que sentem de seus próprios colegas, que são academicamente mais qualificados. A escola em que você estudou passará a fazer parte tanto da sua vida profissional quanto da sua vida pessoal e ter uma escola bem-conceituada no seu *curriculum*, ajuda.

Um fato é fácil perceber: independentemente de o *ranking* ser americano, europeu ou asiático, as escolas americanas se destacam em todos eles, quer seja na colocação dentro do *ranking*, quer seja no número de escolas.

Milhares de estudantes de centenas de países se candidatam a vagas nas escolas americanas anualmente. Em geral, são alunos muito qualificados. Estudar em uma dessas escolas, portanto, é conviver com os melhores estudantes do mundo, que vêm dos mais variados lugares, com diferentes culturas, conhecimentos e línguas. Tudo isso cria um ambiente propício não somente para você se desenvolver academicamente, mas também culturalmente. Há até uma expressão para isso: *melting pot.*[1] Se você tiver a oportunidade e a determinação necessárias para entrar nesse caldeirão, vá fundo. Nos EUA você estará estudando entre os melhores, e isso terá um grande efeito no seu aprimoramento.

MONTANDO O SEU CURSO

Mas por que será que o sistema americano atrai tantas pessoas do mundo inteiro? A qualidade de ensino e pesquisa certamente são fatores determinantes, mas não é só isso. Os EUA possuem uma história de conquistas e sucessos que atrai muitas pessoas; além disso, a organização do país torna a vida muito fácil e independente.

Mas, há ainda outro atrativo. Imagine que você não tivesse que optar por um curso específico quando prestasse o vestibular, que

---

1 Local onde uma grande variedade de raças e culturas se junta, criando um ambiente vigoroso.

você tivesse um tempo para cursar diferentes disciplinas e ir calibrando seus interesses até se decidir finalmente pela área desejada.

Nos EUA, você tem a opção de escolher qual curso fará depois de entrar na universidade. Antes de se decidir você pode cursar, por exemplo, Teatro, Matemática, Biologia, Filosofia, Música, Estatística e o que mais a universidade oferecer. É o que se chama uma educação em *liberal arts*.[1] No momento de se candidatar, você pode escolher uma área específica, caso a decisão já esteja consolidada na sua cabeça, ou se candidatar como *undecided*.[2] Isso não prejudicará em nada sua candidatura. Muitos alunos se candidatam como *undecided* e desta forma podem optar pela área específica mais tarde. Você pode, ainda, ser admitido para uma determinada área e depois mudar.

Isso representa uma grande diferença em relação aos vestibulares brasileiros, que exigem uma definição precisa da área à qual o aluno se candidatará e cujos cursos têm uma estrutura rígida, pré-definida e sem nenhuma participação do aluno, o maior interessado. Ter que decidir o que você fará da sua vida aos 17 ou 18 anos de idade não é tarefa fácil.

Após se candidatar como *undecided*, você pode começar a refletir sobre seus interesses tão logo inicie seu curso. Isso é importante porque, ao se decidir por determinada área, você terá que cursar as disciplinas exigidas para aquela formação. Quanto mais cedo você souber o que vai fazer, mais rápido você começará a trilhar este caminho. A possibilidade de cursar diferentes disciplinas irá ajudá-lo nesta escolha. Além disso, as universidades oferecem recursos para auxiliá-lo nessa decisão, como por exemplo, orientadores profissionais nos *Career*

---

1 Artes liberais.
2 Indeciso.

POR QUE ESTUDAR EM UMA ESCOLA AMERICANA?

Centers,[1] onde os alunos podem receber informações sobre as diversas profissões, simular entrevistas para estágios ou preparar um *Curriculum Vitae*.

Os professores também podem ser uma fonte de informação. Nos EUA, os professores oferecem as chamadas *office hours*,[2] *que s*ão horários pré-definidos durante os quais os alunos são recebidos pelo professor em seu gabinete. Nas *office hours*, o aluno pode tirar dúvidas sobre a disciplina lecionada, o que é mais comum; mas ele também pode obter orientação sobre outros assuntos, como sua área de interesse. As *office hours* são importantes e devem ser utilizadas sempre que possível, pois além de você ter a oportunidade de receber uma orientação individual, recomendação bibliográfica e exercícios, é uma forma de seu professor conhecê-lo melhor. Às vezes você terá aulas com 200 ou 300 alunos e dificilmente poderá tirar dúvidas específicas ou ser notado pelo seu professor. As *office hours* podem compensar esta deficiência. Elas podem fazer uma grande diferença, por exemplo, no momento de receber uma nota de participação.

Com toda esta estrutura, você terá tempo e orientação para refletir sobre seu interesse e direcionar seus cursos para determinada área, que é chamada de *major*.[3] Suponha, por exemplo, que você seja aceito como *undecided* e, ao cursar diferentes disciplinas, decida-se por um *major* em Economia. Cada *major* possui requisitos, disciplinas que deverão ser cursadas para que

---

1 Local da universidade onde os alunos podem receber orientação sobre possíveis carreiras profissionais.

2 Um horário durante o dia em que o professor estará disponível para receber estudantes em seu gabinete.

3 A principal área de estudo de um aluno universitário e aquela na qual ele se graduará.

51

EMILIO COSTA

você obtenha um diploma naquela área. Para escolher essas disciplinas, você contará com um orientador indicado pela universidade. Junto com este orientador você construirá a grade de disciplinas a serem cursadas para obtenção do seu diploma (*bachelor degree*)[1] em *Economics*.[2] Você pode até obter um *double major* ou optar por um *minor*.[3] No primeiro caso, você deverá cursar as disciplinas que possibilitarão a obtenção de dois diplomas, ou dois *majors*, como, por exemplo, *Economics* e *Mathematics*. Muitas vezes, os dois *majors* têm requisitos semelhantes e você poderá obter uma dupla graduação cursando disciplinas complementares. É possível, por exemplo, graduar-se em Economia e História da Arte, ou em Literatura Russa, se for este seu interesse.

No segundo caso, do *minor*, você cursaria disciplinas que possibilitarão uma boa formação em outra área, como, por exemplo, *Accounting*,[4] mas não matérias suficientes para que você saia com uma dupla graduação (*Economics* e *Accounting*).

Um último ponto que merece atenção é o fato de que, nas escolas muito competitivas, alguns cursos têm tratamento diferenciado, por serem muito procurados. Por exemplo, a *University of Virginia* é considerada muito forte em *business*.[5] Se você pretende cursar este *major* naquela escola, você entrará como *undecided* e poderá se candidatar para ser aluno de *business* somente *no segundo ano*. Aí será como se você fizesse uma nova *application*, só que interna. A área responsável por *business* fará

---

1 Bacharelado, que no Brasil, corresponde à graduação.
2 Economia.
3 Uma especialização ou segunda área estudada com profundidade, mas sem cumprimento dos pré-requisitos necessários para obtenção de uma graduação.
4 Contabilidade.
5 Negócios.

POR QUE ESTUDAR EM UMA ESCOLA AMERICANA?

uma avaliação de suas notas nos dois primeiros anos, solicitará um *essay* e fará entrevistas para ver se você possui as qualificações exigidas para aquele curso. Além disso, será necessário que você já tenha cursado algumas disciplinas específicas. Por isso, é importante que, mesmo entrando como *undecided*, você já vá refletindo sobre o que pretende fazer, de forma a ir cursando determinadas disciplinas específicas para o curso desejado. Isto se aplica principalmente às escolas muito competitivas, como, por exemplo, Engenharia na *University of Michigan Ann Arbor* ou *International Business na University of South Carolina*, e tantas outras. Uma boa dica é consultar os *sites* das universidades, conhecer as especializações de cada escola e informar-se sobre como cada uma delas trata esses assuntos.

O número de disciplinas oferecidas pelas universidades americanas é enorme, e você certamente encontrará algo que o interesse. Esta flexibilidade curricular está intimamente ligada com o conceito de *Liberal Arts*, que sempre foi importante na cultura do país, e que será apresentado no Capítulo 8.

Ter a possibilidade de customizar sua formação é um grande diferencial da educação nos Estados Unidos. E isso não é importante somente em termos profissionais, uma vez que uma formação cultural ampla contará muito também na sua vida pessoal, quando você tiver que tomar decisões sobre seu futuro, sua família ou sua vida. Além disso, uma formação diversificada permitirá que você amplie muito suas possibilidades profissionais.

Veja, por exemplo, o caso de Lloyd Craig Blankfein, CEO[1] mundial da Goldman Sachs, um dos maiores conglomerados financeiros do mundo. O esperado seria que ele tivesse uma

---

[1] *Chief Executive Officer*: O executivo com maior autoridade em uma empresa ou organização.

formação em Economia ou Negócios; no entanto, ele é formado em História e pós-graduado em Direito. James Dimon, CEO mundial do JPMorgan Chase, outro grande conglomerado bancário, obteve um *double major* em Economia e Psicologia. David MacLennan, CEO da Cargill, uma das maiores empresas de alimentos do mundo, se graduou em Inglês (equivalente ao curso de Letras). Também podemos encontrar exemplos semelhantes no Brasil. Luís Carlos Trabuco, ex-presidente do Bradesco, é formado em Filosofia e pós-graduado em Sociopsicologia. É verdade que muitos desses executivos, depois de alguns anos, cursaram um MBA[1], e que há profissões que exigem formação específica, como Engenharia, por exemplo. Mas mesmo que você se decida por uma dessas profissões especializadas, a escola americana lhe oferecerá uma flexibilidade que não existe em outros lugares do mundo.

---

1 *Master of Business Administration*: curso de pós-graduação muito comum nos EUA.

CAPÍTULO 8
AS ESCOLAS AMERICANAS

*"Para desenvolver uma mente completa,
estude a arte da ciência, estude a ciência da arte,
aprenda a enxergar, perceba que tudo se conecta a tudo."*

LEONARDO DA VINCI

Neste capítulo, você aprenderá as diferenças entre as escolas privadas, as públicas e as de *liberal arts* nos Estados Unidos. Você provavelmente ficará surpreso com as informações sobre as duas últimas, pois escolas públicas e de *liberal arts* são temas pouco conhecidos e sobre os quais há grande desinformação no Brasil. Este capítulo buscará corrigir esta deficiência e fornecer informações interessantes sobre essas escolas.

AS UNIVERSIDADES PARTICULARES

Em geral, as universidades particulares americanas são organizações sem fins lucrativos, cujas fontes de renda são principalmente contribuições privadas, doações e *tuitions*. Quando comparadas com as universidades públicas, as particulares costumam ter menos alunos e possuir classes menores. Algumas delas têm algum tipo de afiliação religiosa. Desconsiderando as maiores, elas oferecem menos *majors*, mas possuem cursos mais especializados (são mais fortes em determinadas áreas, dependendo da escola, como Engenharia, *Liberal Arts* e *Computer sciences*,[1] por exemplo).

De forma geral, as mensalidades dessas escolas são mais altas do que as de universidades públicas, mas aqui é preciso ter cuidado no caso de um estudante brasileiro, pois enquanto um estudante internacional pode obter uma bolsa em uma universidade privada, o que a tornará mais barata, isso pode não ser possível em algumas universidades públicas. Explicarei isso no item seguinte.

Os gastos anuais médios, sem nenhum tipo de bolsa, em uma universidade particular como Harvard, por exemplo, considerando-se aqui todos os custos envolvidos, inclusive despesas pessoais, podem chegar a US$ 75 mil. Isto é muito dinheiro para a maioria das pessoas e, como os cursos têm no mínimo 4 anos, serão US$ 300 mil, isso sem contar as alterações de preços que sempre ocorrem a cada ano. Colúmbia custaria em torno de US$ 72 mil ao ano (total de US$ 288 mil). A *Rice University*, que é uma excelente escola, custaria em torno de US$ 60 mil (US$ 240 mil nos 4 anos). As escolas menos caras podem custar em torno de US$ 20 mil (US$ 80 mil em quatro anos). Os diversos *rankings* trazem informações sobre os custos das escolas e é interessante fazer esta pesquisa antes de escolher as universidades às quais você se candidatará.

Em geral, a diversidade demográfica e racial é maior nas escolas particulares. Isso ocorre porque as universidades privadas atraem candidatos de todos os estados americanos e países, enquanto as públicas atraem mais estudantes dos estados onde são localizadas.

---

1 Ciências da computação.

AS UNIVERSIDADES PÚBLICAS

Este é um dos itens que mais confunde os brasileiros. Afinal, no Brasil, universidade pública é universidade gratuita. Mas nos Estados Unidos isso é diferente; não há universidades gratuitas lá. O que são, então, as universidades públicas?

Uma universidade pública americana é uma escola cuja principal fonte de financiamento é um governo estadual. Muitas delas trazem o nome do estado. Por exemplo, *University of Alabama*, *California State University*, *University of Florida*, e assim por diante. Em geral, elas são maiores e têm mais estudantes por sala de aula do que as particulares. Sendo maiores, elas oferecem maior número de *majors*. Mas há escolas públicas menores também.

Se você pesquisar matérias dirigidas a americanos sobre universidades públicas, um dos principais pontos focados será o preço. Os preços das escolas públicas são, em geral, mais baixos do que os das particulares. É verdade que elas são mais baratas, mas somente para os habitantes do estado onde elas se localizam, chamados *in state*.[1] Por exemplo, um habitante do estado de Michigan gastaria, sem bolsa, em média, US$ 28 mil por ano para estudar na *Michigan State University* (US$ 112 mil em quatro anos), com tudo incluído. Qualquer outro estudante, mesmo americano, que não seja habitante do estado de Michigan, gastaria US$ 52 mil (US$ 208 mil em quatro anos). Quase o dobro! A *University of California Berkeley* é uma prestigiada escola pública do estado da Califórnia; um residente do estado da Califórnia pagaria em torno de US$ 38 mil por ano (US$ 152 mil em quatro anos) para estudar lá. Um não residente, seja ele americano ou

---

1 Residentes no estado.

internacional, gastaria aproximadamente US$ 67 mil por ano (US$ 268 mil em quatro anos).

Veja os dados a seguir, extraídos no site da *University of Maryland — College Park*:

Custos anuais estimados de anuidade escolar, dormitório, refeições e outras taxas para 2016 – 2017		
CUSTOS ESTIMADOS	RESIDENTES EM MARYLAND	NÃO RESIDENTES EM MARYLAND
Anuidades escolares + taxas	$ 10.180,00	$ 32.044,00
Dormitório + cabo + telefone	$ 6.944,00	$ 6.944,00
Alimentação no campus (média)	$ 4.814,00	$ 4.814,00
Livros e outros	$ 1.200,00	$ 1.200,00
Transporte e ocasionais	$ 2.604,00	$ 2.604,00
TOTAL	**$ 25.742,00**	**$ 47.606,00**

Fonte: https://www.admissions.umd.edu/finance/costs.php

Veja que o único valor diferente nas duas colunas é o das anuidades escolares + taxas. E é um senhor valor — mais de US$ 21 mil por ano. E toda esta diferença é decorrente da residência e da não residência no estado de Maryland. Os não residentes pagam mais do que o triplo dos residentes em anuidades e taxas escolares.

Esta é a explicação sobre as escolas públicas americanas. Em termos de preços, portanto, uma informação relevante é a residência do estudante. Para você, o que interessa é que estudantes internacionais recebem o tratamento de não residentes, não podendo se beneficiar do desconto. As exigências para ser considerado residente dependem de cada universidade, mas o

AS ESCOLAS AMERICANAS

simples fato de ter nascido no estado não garante a obtenção desse desconto. Se for este seu caso, consulte a universidade.

Em relação a bolsas de estudo para alunos internacionais em escolas públicas, vale o que já foi exposto no Capítulo 5. Há muitos candidatos, americanos ou internacionais, dispostos a pagar os valores de não residentes para estudar nas escolas públicas mais seletivas, pois elas têm grande reputação e oferecem ensino de altíssima qualidade. Se há milhares de alunos dispostos a pagar *full tuition*,[1] por que elas ofereceriam bolsas para um estrangeiro ou mesmo para um americano? Somente se este estrangeiro ou americano for um candidato muito desejado pela universidade.

Em outros casos, há escolas públicas que simplesmente não oferecem bolsas, ou as oferecem em número e valor bastante reduzidos. É o caso das UC-University of California, com nove escolas que incluem, entre outras, Berkeley, UCLA e UC-San Diego. Falarei mais sobre essas escolas no Capítulo 11.

Veja uma informação retirada do site das UC, que é um dos mais concorridos sistemas de ensino dos EUA:

> "Also, it's important to note that UC awards a very limited number of grants, loans and scholarships to international undergraduates. At some campuses, no assistance is available to international undergraduates."[2]

---

1 Anuidade total (sem bolsas).

2 "Também, é importante notar que as UC concedem um número bastante limitado de subvenções, empréstimos e bolsas de estudo para alunos internacionais de graduação. Em alguns *campus* (As UC possuem 9 *campuses* para *undergraduates*) nenhuma assistência é concedida a alunos internacionais de graduação."

EMILIO COSTA

As escolas públicas americanas mais competitivas se equiparam às escolas particulares mais conceituadas, e o prestígio que elas possuem nos EUA é enorme. Instituições como a *University of California Berkeley, University of California Los Angeles* — UCLA, *University of Michigan Ann Arbor, University of Virginia, University of North Carolina Chapel Hill, College of William & Mary, Georgia Institute of Technology, University of California Irvine, University of California Davis, University of California San Diego, University of Illinois-Urbana-Champaign, University of Wisconsin Madison*, e muitas outras, são escolas muito competitivas, que estão entre as melhores do mundo. Estas são uma pequena amostra, mas há outras menos conhecidas no Brasil e que também oferecem ensino de excelente qualidade. No Capítulo 10, há dicas importantes que possibilitam conhecer melhor escolas excepcionais das quais provavelmente você nunca ouviu falar.

Se você pretende se candidatar sem utilização de bolsa, considere seriamente incluir escolas públicas na sua lista. Muitas delas oferecem ensino e prestígio que se equiparam às melhores escolas particulares, com preços anuais que podem ser até US$ 15 mil a menos do que as particulares. Isso representa uma economia de US$ 60 mil em quatro anos, um bom valor para você utilizar em um futuro MBA ou mesmo para uma poupança. Lembre-se disso quando for fazer sua lista de escolas.

Se você pretende solicitar uma bolsa de estudos, verifique primeiro se a universidade pública de seu interesse fornece bolsas para alunos internacionais. Se ela oferecer, vale o que foi apresentado no Capítulo 5.

PARTICULARES X PÚBLICAS – AFINAL, QUAL ESCOLHER?

Veja a seguir um resumo das principais diferenças entre as escolas particulares e as públicas nos EUA. Vale lembrar que estas são características gerais, e que há exceções.

Item	Universidade Pública	Universidade Privada
Fonte de recursos	Governo estadual	Tuition e contribuições privadas
Tamanho da escola	Maiores	Menores
Tamanho das classes	Maiores	Menores
Majors oferecidos	Maior número	Menor número
Preços para residentes no estado	Mais baratas	Mais caras*
Preços para alunos internacionais	Mais baratas	Mais caras*
Bolsas para alunos internacionais	Depende da escola	Sim
Diversidade dos alunos	Menor	Maior

* sem considerar bolsas de estudo

Ambas possuem características interessantes. Você pode fazer uma relação de potenciais escolas incluindo públicas e privadas, levando em consideração as características de cada uma delas. Não se esqueça da eventual limitação em relação às bolsas no caso de algumas públicas, pois este pode ser um ponto decisivo na escolha da universidade para onde você vai.

EMILIO COSTA

AS ESCOLAS DE *LIBERAL ARTS*

Praticamente desconhecidas no Brasil, as escolas de *Liberal Arts* fazem parte da vida acadêmica americana desde antes da independência do país. O *Moravian College*, por exemplo, foi fundado em 1742. A *Washington & Lee University*, em 1749, e assim por diante.

Mas o que é uma educação em *Liberal Arts*? Para responder esta pergunta, é necessário voltarmos à antiga Grécia, berço da civilização ocidental, onde o estudo do que hoje conhecemos por *Liberal Arts* era restrito às pessoas mais importantes daquela sociedade.

Naquela época, *Liberal Arts* consistia no estudo de Gramática, Retórica e Lógica, que eram conhecidos como *trivium*. As pessoas influentes naquela sociedade dominavam essas disciplinas. Mais tarde, outras disciplinas foram incluídas, conhecidas como *quadrivium*: Aritmética, Geometria, Música e Astronomia. Passaram a ser sete, portanto, as disciplinas que constituíam uma educação em *liberal arts*. Somente após dominar essas disciplinas alguém estaria apto a estudar filosofia e teologia. Idealmente, uma pessoa educada em *Liberal Arts* seria ética, virtuosa, sábia e articulada.

Hoje em dia, uma educação em *Liberal Arts* oferece um *curriculum* diferente daquele da antiga Grécia, mas a proposta original permanece: formar pessoas cujo conhecimento geral seja abrangente e cubra diversas áreas, de maneira que elas possam se adaptar a diferentes ambientes e profissões. Basicamente, uma educação em *Liberal Arts* formaria o que hoje chamamos de um cidadão global. O curso é de quatro anos, como das universidades, e uma vez concluído, habilitará o estudante a ir diretamente para o mercado de trabalho ou para cursos de pós-graduação, como um MBA, mestrado ou doutorado.

Atualmente, uma educação em *Liberal Arts* oferece disciplinas na área de Humanidades (Arte, Literatura, Filosofia, Religião,

Teatro, Línguas estrangeiras, entre outras), Ciências Sociais (tais como História, Psicologia, Sociologia, Antropologia, Economia, Business), Ciências Naturais (como Astronomia, Biologia, Química, Física, Botânica) e disciplinas mais formais, como Estatística e Matemática. Assim como ocorre em universidades públicas ou privadas, um estudante de *Liberal Arts* pode optar por uma especialização, escolhendo um *major* ou *minor* em determinada área, como *Business*, Política, e assim por diante.

O que mais diferencia uma escola de *Liberal Arts* de uma universidade tradicional é o tamanho das classes, que muitas vezes não chega a uma dezena de alunos, fazendo com que haja uma maior interação entre os professores e os estudantes e uma maior participação nas aulas, características raramente presentes nas grandes universidades. Um estudante formado em *Liberal Arts* pode atuar em qualquer profissão, como aqueles formados em universidades. Assim como há *rankings* de universidades, há também de escolas de *Liberal Arts*, pois os Estados Unidos possuem um número enorme dessas instituições, algumas delas de grande reputação, com processos de admissão altamente competitivos.

Existe uma discussão nos EUA sobre as vantagens e desvantagens de uma educação em *Liberal Arts*, quando comparadas àquelas obtidas em uma universidade. Os maiores críticos à formação em *Liberal Arts* focam suas baterias no pós-faculdade, pois acreditam que o principal objetivo da obtenção de um diploma é a conquista de um bom emprego. Mesmo que você discorde dessa opinião e acredite que a principal finalidade de uma faculdade deva ser o oferecimento de uma boa educação, as perspectivas pós-faculdade não devem ser negligenciadas.

Esses críticos afirmam que uma formação em STEM[1] oferecerá maiores chances de emprego e salários mais altos, e que as universidades oferecem melhores cursos nessas áreas. Há

---

1 Acrônimo para Science (Ciências), Technology (Tecnologia), Engineering (Engenharia) e Mathematics (Matemática).

pesquisas demonstrando que embora alunos formados em escolas de *Liberal Arts* recebam salários iniciais menores, esta relação tende a se inverter a partir do meio da carreira. Portanto, não parece haver diferenças entre se formar em uma universidade ou em uma escola de *Liberal Arts*.

A seguir são apresentadas as principais diferenças entre universidades e escolas de *Liberal Arts*. Tenha em mente que são características gerais, podendo haver exceções.

Item	Escolas de Liberal Arts	Universidades
Natureza	Privada	Privada ou Pública
Tamanho	Menores	Maiores
Tamanho das classes	Menores	Maiores
Prestígio	Grande nos EUA	Menor fora dos EUA
Localização	Cidades menores	Cidades grandes e pequenas
Preços (sem bolsa)	Mais caras	Mais baratas
Bolsas para internacionais	Sim	Sim
Foco dos professores	Graduação	Pós-graduação e pesquisas
Atividades no campus	Menos clubes e fraternidades	Muitos clubes e fraternidades

Você é que precisará responder se uma escola de *Liberal Arts* é adequada para sua formação. Se você tiver interesse, faça uma pesquisa aprofundada sobre essas escolas, visite os sites dos *Liberal Arts Colleges* e leia artigos na internet. O YouTube tem ótimas matérias sobre o assunto, com filmes, entrevistas, análises de pessoas que estudaram nesses *colleges* e de pessoas que contrataram ex-alunos.

AS ESCOLAS AMERICANAS

Escrevi sobre esses *colleges* porque eles são desconhecidos no Brasil. Em geral, essas escolas não costumam visitar os colégios brasileiros, ao contrário das universidades. Não me lembro de ter assistido uma única palestra sobre elas. No entanto, muitos estudantes ficam entusiasmados sobre a possibilidade de estudar em uma instituição dessas. Você só saberá se é esse o seu caso pesquisando o assunto.

HARVARD, YALE, PRINCETON, STANFORD E MIT

Harvard, Yale, Princeton, Stanford e MIT! Quem nunca ouviu falar nessas escolas? Elas encabeçam quase todas as listas de *rankings* mundiais de universidades.

Então você decidiu que quer estudar em uma delas? Qualquer pessoa pode almejar isso, mas é bom saber o que você terá que fazer para chegar lá. Essas escolas estão entre as mais competitivas do mundo, com índice de aceitação entre 4% e 8%. Em Stanford, a aceitação tem ficado abaixo de 5% nos últimos anos. Isto quer dizer que de cada 100 candidaturas recebidas, mais de 95 são descartadas. É, portanto, muito difícil ser aceito em uma dessas escolas.

Outras escolas, como Brown, Caltech, Chicago, Colúmbia, Juilliard, igualmente competitivas, têm taxas de aceitação inferiores a 10%.

Veja a tabela a seguir, com dados recentes dos candidatos aceitos e dos matriculados nessas cinco escolas, e a explicação de cada coluna mais abaixo:

Escola	Candidatos		Matriculados					
	1	2	3	4	5	6	7	8
	ACEITOS %	INTERN. ACEITOS %	ANTIGO SAT 25TH/75TH	NOVO SAT 25TH/75TH	ACT 25TH/75TH	TOP 10% DA CLASSE	FILHOS DE EX-ALUNOS	1GPA 3.75+
MIT	7,9%	9,6%	2.110/2.350	1470/1580	33/35	98,00%	NA	ND
Harvard	5,2%	11,4%	2.130/2.400	1480/1600	32/35	95,00%	16,0%	90,00%
Yale	6,3%	10,6%	2.120/2.390	1480/1600	31/35	97,00%	13,00%	ND
Princeton	6,5%	11,1%	2.100/2.400	1470/1600	32/35	96,00%	14,50%	88,00%
Stanford	4,7%	8,7%	2.070/2.350	1450/1580	31/35	96,00%	10,0%	95,00%

Fonte: (Col 1) sites e jornais das universidades; (Col 2) Collegedata; (Col 3 e 4) Magoosh.com, em https://magoosh.com/hs/sat/2016/sat-score-range-good-score-colleges/; (Col 5 e 6) Collegedata; (Col 7) sites e jornais das universidades; (Col 8) Collegedata; NA = Não adota; ND = Não disponível.

Coluna (1). Esta coluna apresenta o percentual de candidatos aceitos, considerando-se todos os que se candidataram. Aqui já fica claro que a competição nessas escolas é feroz. A taxa de aceitação do MIT, a mais alta dentre as cinco, é de 7,9%, ou seja, a cada 100 candidatos ao MIT, menos de 8 são aceitos, e esta é a escola com o maior percentual de aceitação entre as cinco. Em Stanford, o percentual de aceitos é de apenas 4,7%.

Coluna (2). Esta coluna apresenta o percentual de alunos internacionais aceitos. Por exemplo, de todos os alunos aceitos em Harvard, 11,4% eram internacionais. Estudantes altamente qualificados de todas as partes do mundo aplicam para essas escolas, e poucos são aceitos.

Colunas (3) (4) e (5). Essas colunas apresentam qual foi o *score* obtido no SAT pelos alunos matriculados em cada escola, no modelo antigo (*score* máximo de 2.400), no novo (*score* máximo de 1.600) e no ACT (*score* máximo de 36), considerando os 25th/75th. Todos esses dados serão explicados no Capítulo 9, mas posso adiantar que os *scores* dos admitidos foram muito altos.

Coluna (6). Esta coluna apresenta qual o percentual de matriculados que estavam no topo (10%) de suas turmas no *high school*. Por exemplo, em Princeton, 96% dos matriculados estavam entre os 10% melhores alunos de suas turmas.

Coluna (7). Esta coluna apresenta um item frequentemente objeto de crítica. Ela mostra a porcentagem de alunos admitidos que eram filhos de ex-alunos da escola. Por exemplo, em Stanford, 10% dos matriculados eram filhos de ex-alunos de Stanford. Além de enfrentar uma concorrência feroz, o candidato pode ter certa desvantagem em relação a filhos de ex-alunos em quatro das escolas, com exceção do MIT, que não utiliza este critério na seleção dos candidatos. O número de vagas, que já é pequeno, fica ainda menor quando se considera aqueles que serão escolhidos por este critério, que é chamado de *Legacy*.[1]

Veja a informação abaixo, obtida no site de Harvard:

> "The application process is the same for all candidates. Among a group of similarly distinguished applicants, the daughters and sons of Harvard College alumni/ae may receive an additional look."[2]

Coluna (8). Esta coluna apresenta a porcentagem de alunos que possuem GPA (conceito apresentado no Capítulo 9, que é a nota média dos quatro anos do *high school* nos EUA ou do nono ano do ensino fundamental ao terceiro ano do ensino médio no Brasil) superior a 3,75 (sendo quatro a nota máxima), o que corresponderia a 9,375 na escala brasileira. O percentual de matriculados com média igual ou superior a 3,75 é muito alto nessas escolas. No caso de Stanford, por exemplo, 95% dos alunos matriculados obtiveram média superior a 3,75 (9,375) nos últimos quatro anos de escola. Portanto, os matriculados foram alunos com excelente desempenho.

Um item não considerado nesta tabela, mas que também tem um peso nessas escolas, é a política chamada *affirmative*

---

1 Preferência dada a determinado candidato por ele ter uma relação familiar com algum ex-aluno daquela universidade.

2 "O processo de *application* é o mesmo para todos os candidatos. Entre um grupo de candidatos altamente qualificados e similares, as filhas e filhos de ex-alunos de Harvard podem receber um olhar adicional."

action,[1] que privilegia certos candidatos por questões raciais. Embora todos tenham consciência da existência desse critério, é difícil, se não impossível, quantificá-lo.

Os brasileiros admitidos nessas universidade estão entre os melhores alunos de suas escolas e obtêm altos *scores* nos testes. Além disso, são muito engajados em atividades extracurriculares, realizam projetos científicos de destaque, obtêm medalhas em competições internacionais e demonstram liderança na realização de atividades. São jovens que, com 16 ou 17 anos, possuem grande interesse intelectual e conquistas admiráveis.

Uma informação de um dos sócios da *DaquiPrafora* dá uma ideia do nível dos candidatos a essas escolas. Em recente visita a uma das cinco universidades acima, conversando com pessoas que fazem parte do comitê de admissão, ele foi informado de que a escola oferece em torno de 1.500 vagas por ano aos alunos de graduação e que, no ano de 2017, 3 mil candidatos tinham concluído o *high school* na primeira colocação em suas escolas. São, portanto, alunos bastante diferenciados.

A seguir, apresento uma entrevista que me foi gentilmente concedida por Raul Gallo Dagir, aceito na concorridíssima Universidade de Stanford em 2017. Sua história e suas dicas são valiosas e servem para todos os estudantes que pretendem ter sucesso no processo de *application*, independentemente da escola desejada.

---

1 Ação afirmativa.

EMILIO COSTA

ENTREVISTA COM RAUL GALLO DAGIR, ACEITO EM STANFORD

Fale um pouco da sua vida escolar.

Até o nono ano, eu estudei na Pueri Domus, em São Paulo, em um programa bilíngue chamado *Global Brazilian American Program*, onde criei bases sólidas para meu inglês. Quando chegou o momento de ir para o ensino médio, eu prestei um exame e me transferi para o Colégio Santa Cruz. Desde cedo, eu já pensava em estudar fora, por influência da minha mãe, que havia tido essa experiência.

Você já tinha uma ideia de como seria o sistema de seleção das escolas americanas?

Sim. Eu sabia que teria que me dedicar a atividades extracurriculares relevantes e manter um ótimo aproveitamento escolar. Eu tinha muito interesse em competições acadêmicas e ganhei medalhas em olimpíadas nacionais de Física, Astronomia, Geografia e Matemática. Eu também fiz Kumon de Matemática desde muito cedo, o que me possibilitou chegar ao início do ensino médio com bons conhecimentos de cálculo diferencial e integral. Isso me proporcionou um aproveitamento acima da média.

Fale um pouco de suas atividades extracurriculares mais relevantes.

Acho que a primeira atividade extracurricular mais relevante que posso destacar foi no nono ano. Eu criei um site chamado *Blitz da copa*. Foi uma coisa muito louca, mas muito divertida. Eu, meu irmão e um amigo entrávamos em lojas e pontos turísticos e falávamos em inglês para ver como seríamos atendidos. Depois, nós colocávamos um *review* no site. A finalidade era saber se o Brasil estava preparado para receber milhões de pessoas falando inglês durante a Copa do Mundo. Eu construí todo o site e foi uma experiência muito interessante.

E durante o ensino médio?

Eu sempre fui interessado em Política e Economia e participava ativamente de debates no colégio. No segundo ano, fiquei sabendo de um programa da Câmara dos Deputados chamado Parlamento Jovem Brasileiro, em que jovens do segundo e terceiro anos do ensino médio deveriam escrever um projeto de lei e enviar para a Câmara Federal, que elegeria os melhores 80 projetos de todo o país. Os escolhidos ganhariam uma espécie de mandato como jovens deputados federais. Meu trabalho foi sobre incentivo ao uso de energia solar e de outras alternativas energéticas em ambientes urbanos, e meu projeto foi considerado o terceiro melhor de São Paulo. Com isso, passei uma semana em Brasília no Parlamento Jovem, onde discutimos os projetos e agimos como se fôssemos de fato deputados. Foi bem legal.

Que outros interesses você tinha?

Eu também me dedicava bastante ao meu lado de exatas. Quando eu tinha dez anos, meu pai começou a me dar *kits* de eletrônica com placas e peças para que eu pudesse começar a aprender como fazer ligações, acender lâmpadas, essas coisas. Eu sempre gostei muito de desmontar e montar rádios, balanças e televisores velhos para ver como eles funcionavam. Acho que isso foi reforçando o meu lado "engenheiro".

Você trabalhou em algum projeto social?

Existe um "mantra" de que, se você quiser estudar fora, você tem que participar de algum projeto social. Isso não é verdade. Eu trabalhei em um projeto no qual se ensinava informática para idosos, mas nem mencionei isso na *application* porque julguei que pareceria artificial. Seria estranho colocar isso no meio de todas as minhas atividades, a maioria delas na área tecnológica. Os comitês de admissão não são bobos. Eles percebem essas coisas. Nas atividades extracurriculares, faça aquilo que você gosta. Isso sim vai ficar claro na *application*. As universidades querem conhecer o que motiva você, não aquilo que você está fazendo para impressionar o comitê de admissão.

E como você teve contato com o ensino no exterior?

No segundo ano do ensino médio, descobri que Stanford oferecia um programa de verão em Engenharia que era dirigido a estudantes do ensino médio. O processo de admissão era bem parecido com o de uma *application* normal; tinha que apresentar o TOEFL, *essays*, etc. No entanto, eles não exigiam testes como SAT ou ACT. Eu fui aceito. Também descobri que havia um curso de Física pura na Universidade do Porto, em Portugal. Eu me candidatei e fui um dos quatro brasileiros aceitos. Aí foi bem corrido. No fim de junho, fui para Stanford, onde fiquei durante um mês. Então voltei para o Brasil, e depois de um mês fui para Portugal. Fiquei lá por duas semanas e depois voltei para São Paulo, onde fiquei por uma semana para depois seguir para Brasília, para o Parlamento Jovem Brasileiro, também por uma semana.

Quando você decidiu estudar nos EUA?

Quando cheguei em Stanford percebi que ali era o meu lugar. Fiquei maravilhado com a estrutura do *campus*, com o clima, com o lugar e com as pessoas, que foram muito receptivas. Eu tinha conhecido a costa leste dos EUA, mas quando eu conheci a Califórnia foi como se eu estivesse em outro país. Também visitei o *campus* da UCLA e pensei que eu tinha que ir para a Califórnia. Ambos os *campi são* muito bonitos, coisa de filme.

E como foi o curso em Stanford?

O curso se chamava Tópicos em Engenharia. Na primeira semana, tivemos diversas palestras sobre as diferentes áreas de Engenharia, desde *Design* até as mais técnicas. Então, nós fomos divididos em grupos e eu fiquei com a galera de transportes. Uma parte do curso era focada em Engenharia Mecânica e a outra era mais ligada à área econômica. Analisamos o comportamento das pessoas em relação à mobilidade urbana e lemos diversos textos sobre o assunto, além de fazer alguns projetos. Em um deles, tivemos que bolar um *design* mais moderno para aqueles carros da UPS (a *United Parcel Service* é a empresa de entregas que usa aqueles veículos de cor marrom), para que eles tivessem uma aerodinâmica melhor e consumissem menos combustível. No fim do curso, apresentei um trabalho sobre as perspectivas de utilização dos futuros carros voadores nas cidades. Foi um curso puxado, com muitas aulas, laboratório e leituras, mas muito interessante. Aí eu realmente me dei conta de que Engenharia era o que eu queria.

O que mais, além do curso, você aprendeu neste mês?

Aconteceu uma coisa interessante que mexeu comigo. Conheci uma garota de 14 anos que estava fazendo o curso de verão na área de *Business* em Stanford. Ela ganhava uma grana criando e vendendo adesivos para pagar o tratamento médico de uma irmã. Eu achei o fato de ela ser tão nova e conseguir se virar por conta própria muito legal, e além disso ela contava com o apoio do pessoal de Stanford. Quando voltei para o Brasil, decidi fazer uma coisa semelhante. Reuni alguns amigos, um deles muito bom em *design*, e nós decidimos fazer camisetas. Construímos toda a cadeia de negócios e chegamos a vender peças via internet. A coisa toda só parou quando chegou a época do vestibular, mas foi uma experiência importante para mim, pois desenvolvi meu lado empreendedor, o que acabou me ajudando na *application* para Stanford.

Como foi o curso no Porto, em Portugal?

Depois de Stanford, fui para a escola de Física pura do Porto. Enquanto no ensino médio eu estudava Física básica, lá eu via Astrofísica e Mecânica Quântica. Foi uma experiência importante para mim, pois percebi que a ciência pura não era exatamente o que eu queria, e pude constatar que gosto mais da ciência aplicada ao cotidiano; gosto de colocar a mão na massa, de tecnologia e de empreendedorismo, de ver a conexão entre a sala de aula e o mundo real. Mas, ao mesmo tempo, pude perceber como a Física, a Química e a Matemática têm aplicações no nosso cotidiano, e então passei a dar muito mais atenção a essas disciplinas.

E depois que você voltou para o Brasil?

Como eu estava decidido a estudar Engenharia, comecei a me dedicar à Robótica. Meu colégio montou um laboratório e, como eu tinha acabado de chegar de Stanford, eu estava cheio de ideias e comecei a me dedicar a este assunto. Além disso, descobri que o INSPER tinha montado um Fab Lab (laboratório que permite o desenvolvimento de atividades de *Design*, Engenharia Mecânica, Computação e Mecatrônica), que comecei a frequentar. Inicialmente fabriquei caixas de som, e depois comecei a fazer projetos mais sofisticados. Formamos um grupo de robótica no colégio e ficamos em quarto lugar na etapa regional. Não prosseguimos para a etapa estadual, mas mesmo assim a experiência foi muito importante para mim, por conta do trabalho em equipe e dos problemas que tivemos que resolver nas montagens dos robôs, nas estratégias nas pistas de competição, etc.

Para quantas escolas você aplicou?

Eu pretendia aplicar para 13, mas fiz uma *early application* (este tipo de *application* será explicado no Capítulo 12) para Stanford. Em dezembro, portanto, eu já tinha recebido a resposta de que havia sido aceito. Aí perdi o interesse pelas outras escolas, porque Stanford era minha *dream school*.

Como você foi nos testes?

Eu prestei o ACT e meu *score* foi 33 (o score máximo no ACT é 36). Em Stanford, aqueles 25th e 75th (isso será explicado no item "SAT", no Capítulo 9) estavam entre 32 e 34. Eu pensei que não era tão interessante estar no meio assim. Fiz de novo, e tirei 33. Stanford não gosta que a gente faça o mesmo teste mais do que três vezes. Decidi tentar uma última vez e fiz 35. Aí fiquei mais tranquilo.

Você fez os Subject Tests (apresentados no Capítulo 9)?

Fiz dois. Em Math 2 eu fiz 800 pontos e em Física eu também fiz 800 (a nota máxima nesses testes é 800).

E no TOEFL?

Eu fiz 119 pontos (o máximo é 120).

Você tem alguma dica sobre os testes?

Quando algum amigo vem me perguntar se determinada nota no SAT ou ACT está boa, eu costumo dizer que uma nota estará boa quando ela estiver o mais próximo possível da nota máxima para a escola onde você quer estudar. Não se contente com uma nota média. As escolas precisam padronizar os diversos candidatos de alguma forma, e a primeira forma de fazer isso é por meio dos *scores*. A gente tem que conquistar o comitê de admissão em cada detalhe, e pequenas sutilezas podem tirar você da disputa. O reitor de Stanford disse que se eles decidissem cancelar todas as candidaturas aceitas e chamar os próximos candidatos não aceitos, eles teriam uma turma tão boa quanto a atual. Neste nível de competição, os *scores* têm que ser os mais próximos possíveis do máximo. Não dá para correr riscos desnecessários.

Qual foi seu GPA na *application?*

Eu tinha passado três anos estudando muito para tirar as melhores notas no colégio. Minha ideia era que se eu não passasse em uma universidade de ponta nos EUA, não seria por causa de nota. O mínimo que eu tenho que ter é uma nota boa, é minha obrigação básica como estudante. Pode ser que eles não me aceitassem por questões subjetivas como, por exemplo, meu *essay*, ou então por julgar que meu perfil não combinava com o da universidade. Essas são questões que não posso controlar, mas minhas notas e meus testes, sim. Então eu fui muito bem, principalmente nos três anos do ensino médio. No último ano tive nota máxima em todas as disciplinas.

Como você se preparou para os testes?

Comprei livros e estudei sozinho.

Você poderia falar um pouco do seu essay?

No meu *essay* principal, o *personal statement* do *Common Application*, eu falei dos desafios que enfrentei no colégio por ter opiniões políticas diferentes da maioria dos alunos, e como isso fez com que eu evoluísse de uma situação mais fechada e agressiva para uma mais pluralista, mais tolerante. Mostrei como essa evolução e esses desafios foram me moldando. Já nos *essays* suplementares, enfatizei minha área de Engenharia, pois dessa forma eu conseguiria mostrar tanto meu lado de Humanas quanto o de Exatas.

Você recebeu bolsa de Stanford?

Sim. Recebi uma bolsa de Stanford por necessidade financeira e, recentemente, também recebi uma bolsa da Fundação Estudar por mérito.

O que você acha que fez Stanford escolher você?

Eu perguntei isso para a *admission officer* que me comunicou a aceitação. Ela me deu a resposta padrão de que foi uma combinação do meu perfil. Mas eu acho que dois fatores foram decisivos: primeiro, o fato de que eu fiz um bom *network* com alunos de Stanford. Dessa forma, foi possível saber que tipo de aluno Stanford buscava. Fiquei uns dois anos trabalhando nisso, enviando e-mails para pessoas que eu nem conhecia, pesquisando sobre a escola, etc. Acabei conhecendo muito bem Stanford, e sabia que tipo de brasileiro estava estudando lá. O curso de verão que fiz também ajudou bastante. Desta forma, a gente sabe o que enfatizar na *application*. Outro ponto é que mostrei um perfil plural, não *nerd*. Eu tinha a parte empreendedora, das camisetas, o perfil de liderança, exemplificado pelo Parlamento Jovem, e o perfil de ciências, na Robótica. Mas acho que o principal foi perceberem que eu não tinha feito tudo isso para ser aceito em Stanford, mas porque eu realmente tinha uma paixão por essas atividades. Eu tinha feito o curso de verão lá, eu fiz a *early application* para lá. Tudo isso demonstrou que Stanford era o lugar para onde eu queria ir.

O que você espera da universidade e o que você pensa que ela espera de você?

Eu sempre gostei muito da indústria automobilística. Eu corro em um kartódromo perto da minha casa com alguns amigos e tenho um fusquinha no qual estou sempre mexendo. Vou fazer Engenharia Elétrica, mas pretendo estudar bastante

Ciência da Computação, porque Programação é o novo inglês, uma língua universal. Eu quero formar uma equipe de SAE (a *SAE International*, inicialmente conhecida como *Society Automotive Engineers*, é um projeto em que alunos de algumas universidades constroem carros para competição) em Stanford. Também pretendo me engajar no *Solar Car Project*, que visa criar um carro movido a energia solar. Eu conheci melhor esses projetos ao visitar Stanford em abril deste ano, após minha aceitação. Já o que acho que Stanford espera de seus alunos é que eles encontrem aquilo que gostam e que sejam muito dedicados, pois a escola oferece todos os recursos necessários para a realização de nossos projetos.

O que você diria para alguém que pretende estudar em uma dessas escolas supercompetitivas?

Primeiro, tenha foco e seja esforçado. Se você não trabalhar duro, não vai chegar lá. Isso é o básico. Segundo, faça um bom *network*, saiba quem está estudando na escola de seu interesse e entre em contato com essas pessoas, conheça suas histórias. Antes de aplicar, saiba quais faculdades combinam com seu perfil. Eu contatei muita gente que eu nem conhecia, e algumas dessas pessoas acabaram se tornando meus amigos. Terceiro, e talvez mais importante, a *application* é *marketing*. Você pode ser fantástico, muito bom mesmo, com um supercurrículo, notas excelentes, mas se você não souber passar uma boa mensagem para a faculdade, você está fora. Não improvise. Tem gente muito bem preparada que é recusada por causa de uma *application* mal feita. Procure orientação. Fazer todo o processo sozinho é muito arriscado. Por fim, um provérbio bíblico que eu gosto muito: "A soberba precede à ruína." Pé no chão, humildade. Nada é garantido nesses processos de *application*. Por isso, faça o melhor que estiver ao seu alcance.

CONCLUSÃO DO AUTOR

Mantenha os pés no chão. Veja se suas notas, seus testes e suas conquistas o habilitam a determinadas escolas. Não foque em uma escola específica com muita convicção, principalmente se ela for muito competitiva. Se você fizer isso e não tiver sucesso, qualquer outra que você pegue não o deixará feliz. Mesmo tendo uma ordem de preferência, construa sua lista de universidades de forma que todas as escolas presentes na lista o agradem. Lógico que algumas o deixarão mais feliz que outras, mas o importante é que nenhuma delas o deixe infeliz ou insatisfeito. Desta forma, qualquer uma que o aceite será bem-vinda.

CURSOS DE MEDICINA, DIREITO, ODONTOLOGIA E VETERINÁRIA NOS EUA

Diferentemente do Brasil, esses quatro cursos não são oferecidos como graduação nos EUA e, portanto, não há como aplicar para nenhum deles logo depois do término do ensino médio. Todos eles são oferecidos somente como pós-graduação.

Dessa forma, um aluno que pretender, por exemplo, cursar Medicina nos Estados Unidos, deverá fazer uma graduação na área que desejar e, após terminar a graduação, se submeter a outro processo, que inclui exames específicos da área, para só então ser admitido como estudante de Medicina.

Além disso, o aluno deve obrigatoriamente, durante a graduação, caso tenha interesse nos cursos de Medicina, Veterinária ou Odontologia, cursar determinadas disciplinas, chamadas de Pre-Med, para poder se candidatar mais tarde ao curso.

EMILIO COSTA

Esses quatro cursos são muito competitivos e o nível dos candidatos é alto. O aluno que deseja se dedicar a essas áreas deve manter notas muito altas durante a graduação, ter excelentes cartas de recomendação, tirar ótimas notas nos testes específicos e, enfim, se submeter a uma nova maratona, talvez mais puxada do que aquela da graduação.

Esses cursos são muito caros e oferecem poucas bolsas de estudo, principalmente para estudantes internacionais. Talvez uma ideia mais razoável seja cursar a graduação no Brasil e buscar cursos de extensão, pós-graduação ou residência nos EUA.

Outro importante fator a ser considerado é a necessidade e as condições para validação do diploma, caso o aluno pretenda exercer a profissão no Brasil após se formar.

Como este texto é dedicado somente a cursos de graduação, aconselho que você procure informações específicas na internet caso tenha interesse em se candidatar a uma dessas quatro áreas nos Estados Unidos.

CAPÍTULO 9

O SISTEMA DE ADMISSÃO ÀS ESCOLAS AMERICANAS

> *"Conheça o inimigo e a si mesmo e você obterá a vitória sem qualquer perigo; conheça o terreno e as condições da natureza, e você será sempre vitorioso."*
>
> **SUN TZU**

SISTEMA HOLÍSTICO

Veja uma mensagem endereçada a futuros candidatos, apresentada na página de admissões da *University of Virginia*, prestigiadíssima escola pública dos EUA:

"Students, as you start this year, I want you to pay attention to how much time admission officers at schools with holistic processes spend talking about testing. I assure you that the time spent talking about the SAT and ACT will be dwarfed by the time spent talking about programs, grades, recommendations, and essays. I'm not saying testing doesn't matter. If a school asks for something, it matters. Testing is definitely an interesting piece of data. However, we don't have minimums or cut offs in our process. We read the entire file and render a decision based on the whole package. That's what holistic admission means."

"Estudantes, ao começar este ano, quero que vocês prestem atenção ao tempo que os responsáveis pela admissão nas escolas que utilizam o processo holístico gastam falando sobre testes. Eu lhes asseguro que o tempo gasto falando sobre SAT e ACT será reduzido comparado àquele gasto falando sobre programas, notas, recomendações e redações. Não estou dizendo que os testes não importam. Se uma escola os exige, eles importam. Os testes definitivamente são uma parte importante dos dados. No entanto, nós não temos notas mínimas ou notas de corte (dos testes) no nosso processo. Lemos todo o seu material e tomamos uma decisão baseada no pacote total. É isso que significa um processo holístico."

O sistema de admissão leva em consideração diversos itens: notas nos últimos quatro anos de escola (do nono ano do ensino fundamental ao terceiro ano do ensino médio); notas do SAT Reasoning Test, ou do ACT; notas dos SAT Subject Tests, quando for o caso; nota do TOEFL, ou IELTS, no caso de estudantes internacionais; essays ou personal statements (redações); cartas de recomendação; atividades extracurriculares/*honors;* e as entrevistas. Algumas escolas ou cursos não exigem todos esses itens, mas vou apresentar cada um deles a você.

Seu sucesso será diretamente proporcional ao seu desempenho nos itens exigidos. Uma application muito bem preparada é essencial no processo de admissão. O sucesso começa com boas notas na escola e o melhor *score* possível nos testes. O importante é, no final, saber que aquelas notas e aquele *score* foram o resultado dos seus maiores esforços. Desta forma, você saberá que foi aceito nas melhores escolas que estavam ao seu alcance. Portanto, dedique-se a cada um desses itens com determinação.

O SISTEMA DE ADMISSÃO ÀS ESCOLAS AMERICANAS

NOTAS DOS ÚLTIMOS QUATRO ANOS

Durante diversas apresentações que assisti sobre processos de admissão em escolas americanas, ouvi com frequência pessoas na plateia fazerem perguntas do tipo "Se eu não tiver notas muito boas, ainda assim posso me candidatar a uma vaga?". As respostas dos profissionais, quase todos americanos, invariavelmente explicava como o processo de admissão à universidade era holístico e, portanto, nenhum item particular definiria a candidatura e que, por isso, as pessoas deveriam se candidatar.

No entanto, esta afirmação deve ser vista com reserva, caso você tenha como objetivo entrar em uma escola competitiva; se você não tiver boas notas nos últimos quatro anos de sua vida escolar, sua chance de ser aceito em uma escola competitiva será pequena ou nula.

Se você tiver algum talento excepcional que, por algum motivo, não esteja refletido nessas notas ou se, por exemplo, seu desempenho inicialmente não foi bom, mas melhorou muito nos últimos anos, e você tem uma boa explicação para isso, suas chances aumentam. Mas é ilusão imaginar que os admission offices[1] de escolas competitivas aceitarão um aluno que teve um aproveitamento médio ou baixo nos quatro últimos anos escolares, sem nada excepcional para mostrar.

Primeiro porque, sendo competitivas, essas escolas atraem bons candidatos, que, por sua vez, possuem boas notas. Segundo porque há rankings que levam em conta o desempenho que os candidatos aceitos tiveram nos últimos quatro anos (por exemplo, a porcentagem desses candidatos que se encontrava nos 10% ou nos 25% melhores da turma). Portanto, ao

---

1 Área da escola (muitas vezes, uma diretoria) responsável pelo processo de admissão.

EMILIO COSTA

aceitar candidatos com notas altas, as escolas melhoram sua posição nesses rankings e garantem a vinda de bons estudantes.

Veja, por exemplo, dados disponíveis no College Data referentes à American University, localizada em Washington, DC, classificada em 74ª posição na *2017 U.S. News & World Report*, com índice de aceitação de 35%. Mais de 50% dos matriculados no último ano estavam entre os 10% do topo de suas classes. Sua Entrance Difficulty (dificuldade de admissão) é classificada como Very Difficult (muito difícil). O GPA, explicado no próximo item, dos alunos matriculados foi de 3,66, em uma escala em que 4,0 é a maior nota. Isso significa, em nosso sistema, uma média de 9,15. Desses candidatos, 43% tiveram média igual ou superior a 3,75 (9,375); 24% tiveram média entre 3,50 (8,750) e 3,74 (9,350); 16% entre 3,25 (8,125) e 3,49 (8,725); e 12% tiveram notas entre 3,00 (7,500) e 3,24 (8,100). Os que estavam no fim da lista, com médias entre 2,50 (6,25) e 2,99 (7,475) eram apenas 5% dos matriculados. Pode ter certeza de que esses últimos tinham alguma história especial para contar.

Considerando a mesma fonte e mudando o foco para Stanford, os matriculados tiveram GPA médio de 3,95 (9,875); 95% tiveram GPA igual ou superior a 3,75 (9,375); 4% tiveram GPA entre 3,50 (8,750) e 3,74 (9,350); e apenas 1% teve GPA entre 3,25 (8,125) e 3,49 (8,725). Nenhum candidato admitido teve GPA menor do que 3,25. Mais de 95% dos admitidos estavam entre os 10% no topo de suas classes.

Veja esta mensagem, apresentada no site da *Yale University*:

"While there is no hard and fast rule, it is safe to say that performance in school is more important than testing. A very strong performance in a demanding college preparatory program may compensate for modest standardized test scores, but it is unlikely that high standardized test scores will persuade the admissions committee to disregard an undistinguished secondary-school record."[1]

Fica clara a importância atribuída às notas obtidas nos últimos quatro anos de estudo. Mesmo tendo boas notas de SAT/ACT, SAT2 e TOEFL, dificilmente um candidato conseguirá entrar em uma escola competitiva se as notas nos últimos quatro anos não foram boas. Além disso, um mau aluno dificilmente conseguirá ter boas notas nos testes, pois eles avaliam conhecimentos obtidos durante os anos escolares. Portanto, dê atenção especial às suas notas.

GPA

Você ouvirá essas três letrinhas com frequência, não somente no processo de admissão, mas principalmente na faculdade. GPA significa *Grade Point Average*.[2] Trata-se da nota média obtida por um aluno, calculada em determinado período. Por exemplo, pode-se calcular o GPA trimestral, semestral, etc. O GPA é calculado usando as notas do aluno e o número de créditos de cada disciplina. Darei alguns exemplos a seguir.

O GPA é levado muito a sério nos EUA. Um bom GPA no *high school* pode abrir portas a escolas competitivas, e um bom GPA

---

1 Ainda que não haja regra que não possa ser mudada, é seguro dizer que o desempenho na escola é mais importante do que os testes. Um desempenho muito forte em um programa exigente (um curso médio com matérias difíceis) pode compensar *scores* modestos nos testes, mas é improvável que *scores* altos nos testes convençam o comitê de admissão a desconsiderar um boletim de ensino médio ruim.

2 Nota média do aluno.

na faculdade pode significar a admissão em um bom emprego, em um MBA, mestrado ou doutorado competitivos.

Você encontrará dois conceitos envolvendo GPA. Um deles é chamado *unweighted*[1] GPA e o outro, *weighted*[2] GPA. É importante entender o que eles significam, principalmente quando você consultar sites em que alunos e candidatos discutem seus desempenhos escolares. Por exemplo, você pode estar lendo algo no site www.collegedata.com ou no www.collegeconfidential.com (dois sites interessantes que trazem informações sobre praticamente todas as escolas americanas) e se deparar com os dois tipos de GPA.

O *unweighted* GPA, em geral, assume valores de 0 a 4,0 e é calculado simplesmente fazendo uma média aritmética das notas das diversas disciplinas que o aluno cursou. Suponha que ele tenha cursado cinco disciplinas, todas com mesmo peso, e obtenha as notas 4,0; 4,0; 3,0; 3,0; 3,0. A soma de todas as notas é 17. Dividindo 17 (soma das notas) por 5 (número de disciplinas), o aluno teria um *unweighted* GPA de 3,4.

O *weighted* GPA, em geral, assume os valores de 0 a 5,0 e seu cálculo é diferente do anterior. Neste caso, leva-se em consideração a dificuldade das disciplinas cursadas. Isso faz sentido nos EUA, onde os alunos do ensino médio podem escolher entre diversas disciplinas para construir sua grade escolar. Aqui no Brasil o sistema ainda é rígido, não oferecendo essa possibilidade ao aluno; mudanças nesse sentido devem ser implementadas em data próxima, e então o aluno brasileiro poderá escolher disciplinas.

---

1 Não ponderado.
2 Ponderado.

O SISTEMA DE ADMISSÃO ÀS ESCOLAS AMERICANAS

Usando o exemplo anterior, suponha que o aluno tenha tirado uma daquelas notas 4,0 em uma matéria considerada mais fácil e a outra em uma matéria de dificuldade média. Assim, para cálculo do *weighted* GPA, o primeiro 4,0 não se alteraria (matéria fácil), mas o segundo se transformaria em 4,5 (matéria de dificuldade média). Cada universidade fará este cálculo de acordo com seus próprios critérios. Este é apenas um exemplo.

No caso das notas 3,0, suponha que duas delas teriam sido obtidas em disciplinas consideradas difíceis e uma delas em disciplina de média dificuldade. Assim, as duas notas em disciplinas difíceis ganhariam 1,0 ponto cada, transformando-se em duas notas 4,0. Já a de dificuldade média se transformaria em 3,5.

Somando as cinco notas (adaptadas para o grau de dificuldade), teríamos: 4,0 + 4,5 + 4,0 + 4,0 + 3,5 = 20,0. Dividindo o total de 20,0 por 5 (número de disciplinas), o *weighted* GPA seria 4,0.

Este aluno terá, então, um *unweighted* GPA de 3,4 e um *weighted* GPA de 4,0. Veja que o *unweighted* não levou em consideração a dificuldade das matérias, mas o *weighted* levou. É por isso que, muitas vezes, você poderá ver um GPA superior a 4,0.

Para as universidades americanas, o mais importante será seu *weighted* GPA. Entre ter um *weighted* GPA menor, cursando disciplinas mais difíceis, e um *unweighted* GPA maior, tendo cursado disciplinas mais fáceis, o primeiro, em geral, é mais interessante. Os comitês de admissão valorizam seu interesse e esforço em cursar disciplinas mais difíceis.

No Brasil, as escolas não costumam calcular o GPA dos alunos. Mas, em geral, essa informação deverá ser fornecida nas *applications*. Neste caso, se você contar com algum serviço de assessoria, provavelmente ele o calculará. Se você não contar com nenhum serviço, você pode recorrer a algum site que apresente um método de cálculo, ou você pode calcular o seu *unweighted* GPA, por exemplo.

Você deve estar estranhando ter que calcular seu próprio GPA. Acontece que as escolas para as quais você aplicará não vão considerar o GPA que você calculou; ele provavelmente servirá apenas como uma referência inicial. Cada universidade tem seu próprio método de cálculo, que não é divulgado. Portanto, o que valerá será o GPA calculado pelas escolas às quais você se candidatou, que usarão as notas dos históricos escolares dos seus últimos quatro anos.

E como as escolas comparam os diversos GPA, se elas recebem milhares de *applications* de diferentes escolas do mundo todo? Como dizer que um *weighted* GPA 4,15 da escola "X" é melhor do que de 4,75 da escola "Y"?

As universidades muito competitivas conhecem as escolas onde os candidatos fizeram o *high school*, mesmo no Brasil e, portanto, elas têm como comparar os diversos GPA. Caso elas recebam alguma candidatura interessante de algum aluno que estudou em uma escola desconhecida, elas têm estrutura para buscar informações sobre a escola de forma a fazer a comparação necessária. No caso das escolas menos competitivas, provavelmente elas simplesmente considerarão o GPA sem levar em conta a comparação entre diferentes escolas.

CONCLUSÃO

Se você quiser ser um candidato competitivo, estude bastante e obtenha as melhores notas possíveis, principalmente nos últimos quatro anos. Trabalhe duro sempre. Mesmo que você não consiga essas notas excepcionais exigidas pelas escolas mais competitivas, faça o máximo que você puder. Pelo menos desta

O SISTEMA DE ADMISSÃO ÀS ESCOLAS AMERICANAS

forma você saberá que foi aceito pelas melhores escolas dentro de suas possibilidades.

TESTES

Nesta seção apresentarei quatro testes que poderão ser utilizados nos processos de admissão. Todos são oferecidos no Brasil e alguns deles você fará com certeza. As escolas da *Ivy League* e do Sistema da *University of California*, como Berkeley e UCLA, além de muitas outras *top schools* dão grande peso ao resultado desses testes. Se você já sabe para quais escolas deseja se candidatar, verifique quais são os testes exigidos em seus websites. Se você ainda não sabe, o que é totalmente compreensível, é recomendável que você se prepare para prestá-los. Assim, você poderá se candidatar a qualquer escola. Vamos então conhecer esses testes.

O SAT

A finalidade deste item não é treiná-lo para o SAT. Há uma imensa literatura desenvolvida por especialistas sobre o assunto, com artigos, testes, dicas, e o que mais você puder imaginar. Aqui você saberá o que é o SAT e sua importância no processo de admissão. A partir daí, a bola estará com você.

O SAT, inicialmente chamado *Scholastic Aptitude Test*, é um tipo de ENEM americano. Ele terá um grande peso no seu processo de admissão. Há uma infinidade de informações sobre o SAT na internet. Recomendo uma consulta ao site oficial do SAT

89

(www.collegeboard.org), onde será possível se inscrever para o teste e obter informações importantes.

ATENÇÃO: Seja esperto e não deixe para fazer a inscrição do SAT em cima da hora. O SAT tem se tornado um exame concorrido no Brasil e você pode não encontrar vaga nas datas e locais desejados caso não o faça com antecedência. Isso pode comprometer sua candidatura, como você verá em um dos parágrafos seguintes.

COMO É O EXAME?

Até março de 2016, o SAT era dividido em três seções, só era aplicado em papel e havia uma redação incluída na seção de *Writing*.

O novo formato tem apenas duas seções: raciocínio crítico (*Evidence-Based Reading and Writing*, ou EBRW) e Matemática (Math). Ele passou a ser oferecido *on-line*, embora ainda esteja disponível em papel. Nem todos os locais que aplicam a prova oferecem a versão *on-line*. Esta informação deve ser verificada no site do *College Board*[1].

O exame tem três horas de duração. O mínimo de pontos em cada seção é de 200 e o máximo de 800. Portanto, para gabaritar no exame você precisaria fazer 1.600 pontos (800 pontos em cada seção). Cada questão do teste possui cinco alternativas e, como não há penalidade para erros, o candidato pode chutar caso não saiba a alternativa certa.

No fim das duas seções, o candidato pode ou não fazer uma redação, para a qual terá 50 minutos extras. Esta redação é

---

1 Instituição responsável pela preparação e aplicação do SAT.

exigida por grande parte das escolas, incluindo as mais prestigiadas. O SAT avalia alunos do mundo todo que competem por vagas em escolas disputadas. Portanto, programe-se para fazer a redação, aproveitando esses 50 minutos para escrever um texto interessante.

QUAL É UM BOM RESULTADO DE SAT?

Vou usar aquela resposta que não gostamos de receber: depende! Nos últimos anos, aproximadamente dois milhões de estudantes têm prestado o SAT anualmente, sendo que desses, 300 mil são alunos internacionais que vêm de cerca de 175 países diferentes. Só por curiosidade, nos últimos testes o número de alunos que obteve um *score* perfeito, fazendo 1.600 pontos, ficou um pouco abaixo de 600. Portanto, gabaritar o exame é uma raridade. Mas não se preocupe, você não precisará ter um *score* perfeito para ser um candidato competitivo.

Quando você presta o SAT, o resultado é apresentado de duas formas: em pontos, que variam de 400 (mínimo) a 1.600 (máximo), e em *percentile*. É importante entender o que eles representam. Veja a tabela abaixo, que utiliza dados do *College Board* (a tabela original, que não é apresentada em intervalos, está disponível em SAT *Understanding Scores* 2016 *May* 2016, em https://collegereadiness.collegeboard.org/pdf/understanding-sat-scores-2016.pdf).

Intervalo de *composite score* do SAT	Percentile
1550-1600	99+
1500-1550	98 to 99
1450-1500	97 to 98
1400-1450	94 to 97
1350-1400	91 to 94
1300-1350	86 to 91
1250-1300	80 to 86
1200-1250	72 to 80
1150-1200	64 to 72
1100-1150	55 to 64
1050-1100	44 to 55
1000-1050	34 to 44
950-1000	25 to 34
900-950	18 to 25
850-900	12 to 18
800-850	7to 12
750-800	4to 7
700-750	2to 4
650-700	1to 2
600-650	1
550-600	1
500-550	1
450-500	1
400-450	1

Vamos supor que você preste o SAT e obtenha um *score* de 680 em raciocínio crítico e 700 em Matemática. Somando os dois *scores*, seu *composite score* (*score* composto) seria 1.380

O SISTEMA DE ADMISSÃO ÀS ESCOLAS AMERICANAS

(680 + 700). Consultando a tabela acima, você veria que sua pontuação está no intervalo de 1350 — 1400. O *percentile* para este intervalo é de 91 a 94. Isso não significa que você acertou entre 91 a 94% das questões. Significa que 91% a 94% de todas as pessoas que prestaram o exame tiveram um *composite* score abaixo do seu. Outro exemplo: se você obteve um *composite score* de 1270 (intervalo 1.250 — 1.300 da tabela acima), isso significa que seu *score* ficou acima de 80 a 86% dos outros candidatos. O *percentile*, portanto, significa a porcentagem de candidatos que ficou abaixo do seu *score*. A tabela original traz valores exatos de *composite score* versus *percentile*, esta acima serviu apenas para exemplo.

No exame, você receberá a nota e o *percentile* de cada uma das duas seções. Digamos que seu *score* na seção de Matemática seja 720 e o respectivo *percentile* de 97%. Isso significaria que seu *score* de 720 pontos foi superior a 97% daqueles que prestaram o exame.

Agora podemos voltar àquela pergunta inicial: Qual é um bom resultado no SAT? Para responder, precisamos dos dados divulgados pelas universidades. Suponha que a Universidade de Michigan em Ann Arbor, considerada uma das melhores do mundo, seja uma escola na qual você esteja de olho. Você deseja saber qual resultado de SAT seria considerado bom, caso você quisesse se tornar um *Wolverine* (apelido dos estudantes daquela universidade). Consultando o site da universidade, ou muitos outros sites disponíveis na internet , você obteria os seguintes dados para o ano de 2016 (em geral, você terá os dados do ano anterior à sua candidatura disponíveis):

Universidade de Michigan, em Ann Arbor (dados de alunos admitidos em 2016, com *scores* do novo SAT)		
ITEM	25TH PERCENTILE SCORE	75TH PERCENTILE SCORE
SAT Composite	1440	1570
SAT Reading	710	780
SAT Math	730	800

Os conceitos envolvidos na tabela acima são importantes. Vamos entendê-los. Considere, por exemplo, o SAT *Composite*, que você agora já sabe o que significa. O que a tabela acima informa é que 25% dos alunos que entraram tiveram um SAT *Composite* abaixo de 1440; 50% (intervalo entre 25% e 75%) tiveram *scores* entre 1440 e 1570; e 25% tiveram *scores* superiores a 1570. Esses mesmos *percentiles* também são apresentados em relação às duas seções do SAT, *Reading* e *Math*. Veja o gráfico a seguir:

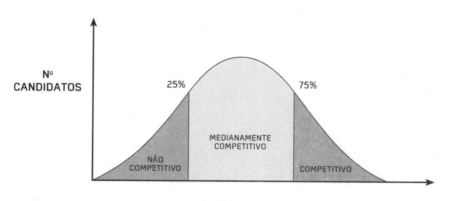

Você verá o tipo de gráfico acima com frequência nos sites e artigos que tratam de admissão. O ideal é que seu *score* (eixo horizontal) se situe na parte direita do gráfico (acima dos 75%). Evite estar na parte esquerda (abaixo dos 25%).

Se você quiser ser um candidato medianamente competitivo para a Universidade de Michigan, você deve, no mínimo, ter um *score* entre 1440 e 1570. Um *score* acima de 1570 o colocará em uma posição competitiva, uma vez que apenas 25% dos alunos tiveram *score* igual ou superior. E um *score* abaixo de 1440 seria um complicador. Se você obtiver um *score* abaixo de 1440, Michigan se tornaria o que é chamado uma *reach school*. Isso não é uma boa notícia. Uma *reach school* seria aquela na qual você tem uma chance de ser admitido, mas não muita, pois suas qualificações estão abaixo do que é considerado desejável. Em uma escola competitiva como a UMichigan, mesmo aqueles 25% de alunos que ficaram abaixo de 1440 provavelmente não obtiveram um resultado muito abaixo disso e, o que é ainda mais importante, devem possuir outros pontos em sua *application* que acabaram compensando um resultado mais baixo no SAT, já que o sistema é holístico.

Veja as informações a seguir, igualmente obtidas no site da UMichigan para o ano anterior, 2015.

SAT score	Competitividade	Chance de admissão
1510 ou acima	Boa	Mais de 50%
1430 a 1510	Média	37% a 50%
1350 a 1430	Média	26% a 37%
1270 a 1350	Reach	17 a 26%
Menos de 1270	Baixa	Menos de 17%

Esta tabela mostra como o *score* do SAT é importante no sistema de admissão. No entanto, note que a obtenção de um *score* acima de 1510 no SAT em 2015 aumentaria suas chances, mas não garantiria sua aceitação. Diferentemente dos vestibulares brasileiros, a nota do SAT é parte importante do processo, mas não é garantia de aceitação.

Em uma escola como o MIT, por exemplo, o *score* médio de SAT seria em torno de 1520. Os *25th percentile score e 75th percentile score* seriam algo como 1480 — 1590. Agora, dê uma olhada na tabela de *percentile* apresentada nesta seção. O *score* médio de uma escola como o MIT, que é de 1520, significa um *percentile* de 98% a 99%. Isso quer dizer que se você deseja se candidatar ao MIT, seu *score* no SAT deverá ser, na média, melhor do que 98% a 99% de todos aqueles que prestaram o exame.

Se a universidade visada fosse a *University of Nebraska Lincoln*, por exemplo, o score médio de SAT seria de 1.220. Os *25th percentile score e 75th percentile score* seriam 1.070 e 1.370. Cada universidade, portanto, possui suas exigências.

Creio que agora você tenha compreendido o que significa aquela resposta "Depende" quando se fala em qual seria uma boa nota de SAT. Depende de qual é a escola em que você pretende estudar.

Como comparar os *scores* antigos com os novos?

A mudança ocorrida em março de 2016 criou um pequeno inconveniente relacionado à comparação entre os *scores* obtidos no modelo antigo (máximo de 2.400 pontos) e aqueles do modelo novo (máximo de 1.600 pontos).

Uma forma interessante de fazer essa comparação é trabalhar com os *percentiles*, pois este conceito se aplica independentemente do sistema ser o novo ou o antigo. Enquanto escrevo este livro, é comum que as universidades publiquem os *scores* médios de ambos os testes.

O site do *College Board* apresenta tabelas de conversão entre os *scores* do novo e os do velho SAT.

Escrevi sobre os *scores* novos e os antigos porque possivelmente você lerá alguma matéria que ainda se refira aos resultados no modelo antigo do SAT. No entanto, acredito que em pouco tempo esta informação será irrelevante, pois todos os *scores* serão apresentados no modelo novo.

Onde prestar o teste?

Há diversos locais no Brasil onde você pode prestar o exame. Escolha aquele que for mais conveniente em termos de local e data. Veja no site oficial os locais disponíveis. Reforço a recomendação feita acima para fazer a inscrição com antecedência. Afinal, você não vai querer viajar para outra cidade para fazer a prova porque não há mais vagas onde você mora ou na cidade mais próxima.

Quando fazer O SAT?

No Brasil, ele é oferecido nos meses de outubro, novembro, dezembro, janeiro, maio e junho. São, portanto, seis testes por ano. Nos EUA, além desses meses, ele também é oferecido em março. Nem todos os locais oferecem os testes em todas as datas; portanto, verifique no site oficial quais são as datas disponíveis no local que for mais conveniente para você. Vale a pena começar a se familiarizar com o exame o mais cedo possível. Há um número imenso de sites, artigos e testes na internet que podem ser úteis para sua preparação. Quando você começar a se sentir mais seguro, pode ser o momento para marcar a data do teste. De modo geral, os brasileiros o prestam no terceiro ano do ensino médio, mas você pode prestá-lo antes, se assim o desejar. Basta se inscrever e pagar a taxa. É importante saber que as universidades estabelecem datas-limite para recebimento das *applications*. Em geral, essas datas se iniciam em novembro e vão até fevereiro. Como o resultado dos testes será uma parte importante da sua *application*, você deverá planejar sua realização considerando essas datas-limite. Muitas escolas aceitam que a *application* seja enviada sem o resultado dos testes, mas haverá sempre uma data-limite para que o *score* seja entregue às universidades. Veja essas informações de data-limite no site das escolas.

Como se preparar?

Há alunos que se preparam sozinhos, utilizando material disponível na internet, manuais e livros. Há muitas publicações sobre o teste, inclusive uma do *College Board*, que publica o *The Official Study SAT Guide*. Empresas como Princeton Review, Kaplan, Barron's e tantas outras publicam todos os anos guias de preparação. Pesquise sobre esses guias e veja as avaliações de quem os utilizou. Antes de comprar, tente dar uma olhada em cada um deles para verificar qual é mais adequado ao seu estilo de estudo. As grandes livrarias geralmente têm uma seção dedicada a essas publicações. Outros alunos preferem ter aulas em escolas especializadas, o que envolve um custo. Se este for o seu caso, procure na sua cidade informações sobre escolas ou profissionais capacitados. A dica mais importante sobre esses testes é PRATICAR. Para ter sucesso, é imprescindível compreender que a finalidade da preparação para o SAT não é aprender Inglês ou Matemática. Os níveis de Inglês e a Matemática exigidos no SAT são aqueles que você está tendo ou teve na escola. A finalidade dessa preparação é aprender a fazer o teste, saber a melhor forma de abordar cada tipo de questão e, fator

O SISTEMA DE ADMISSÃO ÀS ESCOLAS AMERICANAS

vital para seu sucesso, aprender como gerenciar o tempo durante a prova.

Quantas vezes posso prestar o teste?

Quantas vezes você desejar. Alguns especialistas afirmam que as escolas não se importam com o número de testes prestados. No entanto, há escolas que se importam. Pesquise essa informação nos sites das universidades pretendidas, pois algumas escolas se manifestam sobre o número de testes recomendáveis. De qualquer forma, três testes parecem ser um bom número, uma vez que você ainda estará envolvido no seu curso regular e a preparação para o SAT requer tempo e custo razoáveis. Se você quiser prestar um primeiro exame para sentir a adrenalina, uma data interessante poderia ser no meio ou após o fim do segundo ano do ensino médio. Depois, você pode prestá-lo mais duas vezes, quando já estiver no terceiro ano. O teste custa em torno de US$ 90,00 no Brasil. Em geral, os alunos conseguem melhorar seu *score* de um teste para o outro principalmente na parte da Matemática. Se você obtiver *scores* muito abaixo daqueles exigidos pelas escolas desejadas, considere a possibilidade de escolher outras universidades com histórico de *scores* mais próximos do seu.

Eu devo fazer a redação (*essay*) no SAT?

Reforçando a recomendação feita anteriormente: faça a redação! Primeiro porque muitas universidades competitivas a exigem. Além disso, pode ser que mais à frente você decida se candidatar a uma escola que inicialmente não estava nos seus planos e que exige o *essay*. Neste caso, você teria que refazer o teste somente porque precisará da nota da redação. Uma nota boa na redação poderá ter um efeito positivo mesmo naquelas escolas que não a exigem.

O que é o *Superscore?*

Suponha que você faça o SAT e obtenha um bom *score* em Matemática; por exemplo, 750, mas que você não vá tão bem na parte de raciocínio crítico e tire 600. Seu *composite score* seria, então, 1350, com *percentile* entre 91% e 94%. No entanto, você não ficou satisfeito com esse resultado e deseja um *composite score* mais alto. Após alguns meses estudando duro raciocínio crítico, você presta o SAT novamente e consegue melhorar seu *score* nessa seção, tirando 700. Só que você focou tanto o estudo na parte de raciocínio crítico que seu *score* em Matemática neste novo exame caiu para 650. Se as escolas às quais você deseja se candidatar usarem o *superscore*, e grande parte delas usa, quando elas receberem os resultados dos seus dois testes, elas considerarão o *score* de 750 de matemática (do primeiro teste) e o de 700 de raciocínio crítico (do segundo teste). Assim, seu *composite score* passará a ser 1450 (750 + 700), e seu novo *percentile* estará entre 97% e 98%. Nada mal! Este será seu *superscore*, a combinação dos melhores *scores* obtidos nos diversos testes prestados. Para saber se o *superscore* é utilizado pela universidade, consulte seu site.

Quando sai o resultado do SAT?

Você poderá ver o resultado do seu exame no site do *College Board* de três a quatro semanas após a realização do teste. As datas de liberação dos resultados são previamente definidas. Você poderá indicar para o *College Board* para quais universidades os resultados devem ser enviados ou decidir isso mais tarde. As universidades aceitam somente resultados enviados diretamente pelo *College Board*. Se você for usar o *superscore*, os resultados de todos os testes deverão ser enviados para que as universidades possam montar seu *superscore*. Muitas escolas exigem que todos os resultados do SAT sejam enviados.

Verifique isso nos sites das universidades que você escolheu. Em alguns casos, você pode enviar um resultado do SAT mesmo depois de enviar sua *application*. Suponha que uma das universidades para a qual você se candidatou tenha o dia 15 de novembro como *deadline*[1] para envio da *application*, mas você deseja fazer o SAT em dezembro. Muitas escolas aceitam que você envie a *application* sem o resultado do SAT. Quando o resultado sair, em dezembro, você poderá enviá-lo à universidade. Como sempre, essa informação deverá ser verificada no site das universidades.

Para concluir esta seção do SAT, veja com reserva as afirmações de sites ou representantes das escolas de que mesmo tendo uma *score* abaixo dos *25th percentile score,* você tem boas chances de ser admitido. Em geral, eles dizem que não possuem um *score* de corte. Como o processo de admissão é holístico, a chance de que você seja admitido pode até existir, mas ela é baixa, e diminui ainda mais se a escola for competitiva. Você dependerá de outros fatores que se tornarão incertos na análise da sua *application*, como sua história de vida, seu desempenho escolar ou um talento especial. Quanto menos incertezas houver no processo, melhor. Leve isso em consideração quando estiver escolhendo suas escolas e prepare-se bastante para o teste. Veja onde você se encontra no gráfico sino apresentado anteriormente.

---

1 Data-limite.

O SAT SUBJECT TEST

Este teste, também conhecido como SAT II, nem sempre é exigido. Em geral, as escolas mais competitivas exigem dois deles, às vezes, três. Algumas escolas o consideram recomendável ou considerado, mas não obrigatório. Neste caso, não acredite neste recomendável ou considerado: faça o teste. Caso contrário, você estará em desvantagem. Isso ocorre em universidades muito competitivas como Virgínia, UCLA, Berkeley, UC-San Diego, Texas Austin, Chicago, entre outras. Mas há escolas que realmente não o exigem como, por exemplo, Michigan-Ann Arbor, Washington-Seattle, Richmond, Maryland, Minnesota e tantas outras. No entanto, essa informação deve ser verificada no site das escolas, porque pode haver mudanças de um ano para outro.

Você dificilmente escolherá somente escolas que não exigem o SAT II. Portanto, é recomendável que você se prepare para prestá-lo.

Os *Subject* são testes sobre temas específicos: *Mathematics I* e *Mathematics II*; *US History* e *World History*; *Biology*, *Physics* e *Chemistry*; diversas línguas como, por exemplo, espanhol, francês, italiano, chinês, alemão, japonês, entre outras; *Literature*, etc.

Assim como o SAT, o SAT II é aplicado pelo *College Board* e você pode prestá-lo no Brasil. Você fará as inscrições e verá os resultados da mesma forma do SAT.

ATENÇÃO: nem todos os locais que oferecem o SAT, oferecem o SAT II. Verifique no site do *College Board* as datas e locais disponíveis no Brasil. Em geral, você pode escolher qual teste fazer, mas em alguns casos, as universidades fazem exigências específicas; por exemplo, se você já souber que se candidatará a algum curso na área de ciências, como Engenharia, normalmente a escola exigirá um teste de Matemática, preferencialmente o

Mathematics II, ou *Physics*. Se você escolher um curso na área de saúde, o teste exigido poderá ser o de *Biology*, e assim por diante. Pesquise sobre esses testes na internet e no site do *College Board* e, principalmente, verifique quais e quantos são os testes exigidos pelas universidades que o interessam. Um bom *score* no SAT II, que também varia entre 200 e 800, será importante para a sua *application*. *Scores* e *percentiles* no SAT II seguem o mesmo conceito do SAT.

Veja a tabela abaixo com dados de *score médio* do SAT II, obtida no site do *College Board*:

Subject Test	Score Médio
Korean with Listening	767
Chinese with Listening	759
Japanese with Listening	688
Math Level 2	686
Italian	684
Spanish with Listening	668
Physics	667
Chemistry	666
Spanish	656
Biology M	655
French with Listening	654
U.S. History	651
French	635
Biology E	626
World History	624
German with Listening	624
German	622

Subject Test	Score Médio
Math Level 1	621
Modern Hebrew	620
Latin	615
Literature	613

Qual seria um bom *score* no SAT II?

Parece que esta pergunta está sempre nos assombrando. Como você já viu em relação ao SAT, a resposta dependerá das escolas escolhidas. Em geral, *scores* acima de 700 são considerados competitivos, mas isso depende muito das universidades escolhidas. Se você pretende aplicar para escolas muito competitivas, busque informações sobre os resultados dos últimos anos. Nem sempre esses dados estão disponíveis, pois algumas escolas não os publicam.

A título de exemplo, dados relativamente recentes sobre *scores* do *Subject Test* de *Mathematics II* indicam que os *scores* daqueles 50% (entre *25th e 75th percentile*, já explicado) dos alunos admitidos no MIT ficaram entre 740 e 800. Em Princeton, os número são 710 e 790. Na *University of California, Los Angeles* — UCLA, o *score* médio dos admitidos foi 734, com 75% deles pontuando entre 700 e 800.

O ACT

O ACT, inicialmente uma abreviação para *American College Test*, é organizado pela empresa sem fins lucrativos ACT. Ele é composto por 4 seções: *English, Mathematics, Reading* e *Science*. Além dessas seções, há uma redação (*essay*), que, assim como no SAT, é opcional. O *Composite Score* do ACT varia de 1 a 36.

O SISTEMA DE ADMISSÃO ÀS ESCOLAS AMERICANAS

Cada uma das quatro seções também é pontuada da mesma forma, de 1 a 36, embora, estatisticamente, o *score* mínimo seja 11. Veja a tabela abaixo, com os dados de 2015:

Composite Score	Percentiles
36	99
35	99
34	99
33	99
32	98
31	96
30	95
29	92
28	90
27	87
26	83
25	79
24	74
23	68
22	63
21	56
20	50
19	43

Composite Score	Percentiles
18	36
17	30
16	24
15	18
14	12
13	7
12	4
11	1
10	1
9	1
8	1
7	1
6	1
5	1
4	1
3	1
2	1
1	1

Assim como no SAT, o *percentile*, indica a porcentagem de estudantes que ficou abaixo daquele *score*. Por exemplo, quem obteve um *composite score* 32 (*percentile* 98) ficou acima de 98% dos outros candidatos. Se você fizesse de 33 a 36 pontos, ficaria no *percentile* mais alto possível. Semelhante ao SAT, alguns pontos ganhos no topo da tabela representam pouco ou nada em termos de *percentile*, mas fazem diferença no meio da tabela. Se você melhorar seu *score* de 22 para 25, seu *percentile* passará de 63% para 79%, deixando para trás 16% a mais de candidatos.

Quando você pesquisar sobre os *scores* médios e os *percentiles* nas diferentes universidades, o que foi apresentado na seção anterior, sobre o SAT, valerá para o ACT. As universidades apresentarão informações tanto sobre as médias SAT quanto sobre as do ACT.

Considere o exemplo visto anteriormente, da UMichigan. Os *25th percentile* SAT e *75th percentile* SAT foram 1440 e 1570. Para o mesmo ano de 2016, aquela universidade informou que o *25th percentile* ACT *score* foi 30 e o *75th percentile* ACT *score* foi 34. Agora, dê uma olhada na próxima tabela:

SAT Composite Score Intervalo	ACT Composite Score	SAT Composite Score
1600	36	1600
1540-1590	35	1560
1490-1530	34	1510
1440-1480	33	1460
1400-1430	32	1420
1360-1390	31	1380
1330-1350	30	1340
1290-1320	29	1300
1250-1280	28	1260
1210-1240	27	1220
1170-1200	26	1190
1130-1160	25	1150
1090-1120	24	1110
1050-1080	23	1070

O SISTEMA DE ADMISSÃO ÀS ESCOLAS AMERICANAS

SAT Composite Score Intervalo	ACT Composite Score	SAT Composite Score
1020–1040	22	1030
980–1010	21	990
940–970	20	950
900–930	19	910
860–890	18	870
820–850	17	830
770–810	16	790
720–760	15	740
670–710	14	690
620–660	13	640
560–610	12	590
510–550	11	530

Ela foi construída em comum acordo entre o *College Board* e o ACT, e é utilizada para fazer uma comparação entre os *scores* dos dois testes. Desta forma, se um aluno envia o *score* do SAT e outro aluno envia o do ACT, é possível comparar esses dois alunos. Ela possui três colunas; como os *scores* do SAT podem assumir muito mais valores do que os do ACT (eles vão de 200 a 800, com incrementos de 10 pontos, enquanto os do ACT vão de 11 a 36), a primeira coluna traz os intervalos de valores no SAT que correspondem a um determinado *score* de ACT. Assim, por exemplo, se um aluno tivesse um *score* de, digamos, 1370 no SAT, ele cairia no intervalo de 1360-1390, que corresponderia a um ACT de 31, na segunda coluna. Portanto, em termos de *score* de testes, este aluno que pontuou 1370 no SAT estaria empatado com um que tivesse obtido 31 no ACT. A terceira coluna, por sua vez, apresenta *scores* do SAT e sua correspondência exata ao ACT.

EMILIO COSTA

Assim, um aluno que tivesse um *score* de 34 no ACT seria comparável a um que tivesse obtido 1510 no SAT.

No Brasil, o ACT pode ser prestado nos meses de setembro, outubro, dezembro, abril e junho, mas **ATENÇÃO**, pois alguns locais oferecem o teste somente uma vez ao ano, enquanto outros oferecem em duas datas e alguns em todas. Valem aqui as mesmas recomendações feitas sobre o SAT: busque informações detalhadas sobre o teste, locais, datas e horários no site www.act.org.

O *superscore* do ACT funciona de forma semelhante ao do SAT, e as escolas podem adotá-lo ou não.

Em algumas escolas, você não precisará prestar o SAT *Subject Test* se prestar o ACT, mas você deve verificar esta possibilidade nos sites das universidades. Veja a informação abaixo, retirada diretamente do site do MIT:

"We require the SAT Reasoning Test or the ACT. We do not prefer one over the other. In addition, we require two SAT Subject Tests: one in math (level 1 or 2), and one in science (physics, chemistry, or biology e/m). We do not have a preference as to which science test you take or which math level you take."[1]

No caso do MIT, portanto, você precisaria fazer dois SAT *Subject Tests* mesmo prestando o ACT, e eles indicam quais testes devem feitos.

---

1 Nós exigimos o SAT *Reasoning Test* ou o ACT. Não temos preferência por um ou por outro. Adicionalmente, nós exigimos dois SAT *Subject Tests*: um em Matemática (nível 1 ou 2), e um em ciências (Física, Química ou Biologia e/m). Não temos preferência pelo teste de ciência ou de matemática que você faça.

Veja o caso da prestigiada *Rice University*, localizada em Houston, Texas, em relação aos candidatos com início do curso em 2017:

> "All freshman applicants must submit at least one of the following:
> The old SAT (Reading, Math, and Writing) and two SAT Subject Tests in fields related to their proposed area of study
> The new, redesigned SAT (Reading/Writing/Language and Math – SAT Essay is optional) and two Subject Tests in fields related to their proposed area of study or
> The ACT (Writing is optional)."[1]

Neste caso, se você prestasse o ACT, possivelmente não precisaria fazer os SAT *Subject Test*. Essas informações devem sempre ser verificadas no site das universidades.

SAT OU ACT, QUAL PRESTAR?

No Brasil, em geral, os alunos não prestam os dois exames, optando por fazer o SAT ou o ACT. Nos Estados Unidos, cada vez mais alunos tem optado por prestar os dois. O ideal seria você verificar qual dos dois testes é melhor para o seu perfil. Você pode ler opiniões de especialistas, pesquisar sobre os testes e fazer simulados para se familiarizar com os dois exames, antes

---

[1] Todos os candidatos a calouro devem enviar, pelo menos, um dos seguintes: o antigo SAT (*Reading, Math* e *Writing*) e dois SAT *Subject Tests* de assuntos relacionados à pretendida área de estudo; o novo redesenhado SAT (*Reading/ Writing/Language* e *Math* — SAT *Essay* é opcional) e dois *Subject Tests* de assuntos relacionados à sua pretendida área de estudo ou; o ACT (*Writing* é opcional).

EMILIO COSTA

de se decidir. Se você já tiver uma ideia das universidades desejadas, veja as médias de SAT e ACT dos alunos que foram aceitos.

O TOEFL E O IELTS

Se você for um candidato internacional de um país onde o inglês não é a língua nativa, as universidades exigirão um teste de proficiência em língua inglesa. Você deve verificar nos sites das universidade quais são as exigências em relação ao teste. Pode ser um *score* mínimo no TOEFL (*Test of English as a Foreign Language*), no IELTS (*International English Language Testing System*) ou na seção de *Reading* do SAT.

Podem ser exigidos, por exemplo, o *score* mínimo de 6,0 no IELTS, 90 no TOEFL ou 650 na seção de *Reading* do SAT (neste último caso o aluno estaria dispensado de fazer o teste de proficiência). O mais provável é que se exija algum *score* mínimo do TOEFL ou do IELTS. Além disso, a mesma escola pode possuir diferentes *scores* mínimos se você estiver se candidatando a diferentes departamentos ou cursos, ou *scores* mínimos em cada seção do teste (*Listening*; *Reading*; *Speaking*; *Writing*).

Por exemplo, a *Carnegie Mellon*, uma universidade *top* localizada na Pensilvânia, exige um *score* mínimo de 102 pontos no TOEFL; a *Boston University* exige 84, mas se você for candidato à *School of Management*, o *score* mínimo sobe para 91; a Johns Hopkins exige 99, com sub-scores mínimos de 26 no *Listening*, 26 no *Reading*, 25 no *Speaking* e 22 no *Writing*, e assim por diante.

ATENÇÃO! Veja no site das universidades quais desses testes são aceitos, pois nem todas as universidades aceitam os dois. Se ambos forem aceitos, considere fatores como custo e datas

O SISTEMA DE ADMISSÃO ÀS ESCOLAS AMERICANAS

disponíveis para fazer sua escolha. A última informação disponível quando escrevo este livro indica que o TOEFL custa US$ 250 e o IELTS, R$ 850. Note que o preço do TOEFL está em dólares, enquanto o do IELTS está em reais. Verifique também a forma de envio dos resultados para as universidades. O TOEFL parece levar vantagem neste ponto.

Informações sobre o TOEFL são obtidas no site do ETS (www.ets.org) e sobre o IELTS, no site do *British Council* (www. britishcouncil.org.br). Pesquise sobre os testes e veja qual é o mais adequado para você.

No Brasil, há escolas cuja educação é toda feita em inglês. Se você cursou uma dessas escolas, verifique se mesmo assim a universidade exige ou não a realização de testes de proficiência. O mais comum é que a universidade exija.

Você pode prestar esses testes mais de uma vez, mas isso custa dinheiro e exige tempo e preparação. Lembre-se de que você estará no ensino médio, com necessidade de manter boas notas na escola, com o SAT e o SAT *Subject Test* à frente e com *applications* a serem preparadas. Não é pouco. O ideal é matar o teste de proficiência e se concentrar nas outras partes da sua candidatura. Para isso, veja quais são os testes aceitos pelas universidades pretendidas, decida qual deles você vai prestar e conheça bem o teste escolhido praticando com material apropriado e testes simulados, ou fazendo algum curso preparatório.

Qual é um bom *score* no TOEFL ou no IELTS? Depende das escolas que estarão na sua lista. Um bom *score* é aquele de valor igual ou superior ao mínimo exigido pela escola. Os *scores* do IELTS vão de 0 a 9 e os do TOEFL, de 0 a 120. Os *scores* mínimos exigidos variam conforme a universidade. Em geral, um *score* de 100 no TOEFL ou de 7 no IELTS atende às exigências de grande número de escolas, mas verifique no site das escolas o *score* mínimo exigido, pois há escolas que exigem *scores* mais altos.

Ter um bom *score* sempre ajuda. Mas, vamos supor que você esperava tirar 100 no TOEFL, mas obteve 90, e as escolas da sua lista exigem um *score* mínimo de 80, ou mesmo de 90; nesse caso, o *score* de 90 não deverá prejudicar sua candidatura. O conceito aqui é diferente daquele do SAT, em que vale a pena fazer um novo teste para aumentar suas chances de admissão. Se você atendeu à condição de *score* mínimo do TOEFL ou do IELTS, concentre-se nas outras partes da *application*.

Como sempre, fique esperto com as datas e os locais disponíveis e não deixe para marcar o exame na última hora. É muito comum os locais desejados lotarem nas datas próximas à realização. Consulte os sites indicados acima.

IMPORTANTE: o TOEFL tem validade de dois anos e o IELTS não tem prazo de validade, mas as universidades costumam exigir testes com no máximo 2 anos, inclusive para o IELTS. Portanto, programe-se para prestar o exame de forma que o resultado ainda esteja válido no *deadline* das universidades.

UMA ÚLTIMA PALAVRA SOBRE OS TESTES

Os testes são uma parte muito importante da sua *application*. Faça o melhor que estiver ao seu alcance. Verifique nos sites das universidades as informações descritas acima, como *scores*, gráfico de *percentiles* (*25th* e *75th*), exigências em relação a *subject tests* (SAT II), utilização do *superscore* e testes de proficiência aceitos. Se possível, veja em quais testes você se sai melhor, fazendo simulados e usando a tabela de correspondência ACT/SAT. Uma vez decidido qual deles você fará, empenhe-se para valer na preparação, pois isso fará uma grande diferença na sua candidatura. Imagine os testes como uma peneira inicial. Se a escola for competitiva, todos chegarão lá com bons testes e boas notas, e um *score* não competitivo diminuirá suas chances de aceitação. O *score* de alunos internacionais não será avaliado de forma diferente do *score* dos americanos. Você estará se apresentando a comitês de admissão que podem escolher entre milhares de estrangeiros e americanos que desejam aquela escola e não haverá nenhuma complacência pelo fato de o candidato ser estrangeiro. Definidas as escolas de sua lista, estude para ser um candidato competitivo. Se seu *score* estiver muito fora do exigido, considere seriamente alterar a relação de universidades. Comece a preparação para os testes com antecedência, planejando as datas em que você pretende prestá-los. Um bom planejamento será importante para seu sucesso.

OS TRÊS MOSQUETEIROS

Os três itens seguintes, *essays* (redações), cartas de recomendação e atividades extracurriculares/*honors* devem ser tratados com muita seriedade e atenção. Em certas apresentações que assisti, alguns ouvintes pareciam considerar esses pontos como simples apêndices do processo de *application*, o que é um grave erro! Você verá a seguir que eles serão a cereja do seu bolo. São esses itens que farão sua *application* ser especial. Eles não são um *score*, um número. Eles contam sua história, mostram quem você é e quais são seus interesses, como seus professores o veem e fornecem informações importantíssimas para aqueles que escolherão quem continuará na briga e quem será descartado.

Um candidato com excelentes *scores* nos testes pode pôr tudo a perder se não der a merecida atenção a esses itens.

Eu os chamei de "os três mosqueteiros" porque quero que você tenha em mente o conhecido lema dos heróis de Alexandre Dumas, "Um por todos e todos por um", quando estiver preparando esta parte da sua candidatura. Daqui a pouco explicarei isso melhor.

Os *essays*, as cartas de recomendação e as atividades extra-curriculares/*honors* têm que despertar nos Comitês de Admissão sentimentos do tipo, "Está aqui uma pessoa que eu gostaria de conhecer pessoalmente" ou, "Queremos esta pessoa na nossa escola". Esses comitês, constituídos por profissionais da área de admissão, por professores e até mesmo por alunos de pós-graduação, são quem decidirá, em conjunto, quem será aceito ou não. As decisões são sempre colegiadas, não são individuais. Diversas pessoas lerão sua *application* antes da tomada de decisão. Você precisa conquistá-las.

Há qualidades pessoais como caráter, motivação, tenacidade, independência intelectual, iniciativa, responsabilidade, gentileza, entre outras, que não estão diretamente refletidas nos *scores* obtidos nos testes. Embora os testes sejam importantes, pois sem eles nem se chega a esta fase, é difícil imaginar um membro do comitê de admissão dizendo, "Uau! Este candidato fez 1580 pontos no SAT e eu quero muito conhecê-lo". Muito mais fácil é imaginá-lo dizendo, "Olhe só a história deste candidato! Incrível! Precisamos tentar trazê-lo para cá." Ouvi diversos estudantes dizerem que esta parte da *application* tinha sido essencial para o sucesso de suas candidaturas. Uma candidata afirmou que, após ser admitida, encontrou um membro do *admissions office* que lhe perguntou se ela era a aluna que havia escrito aquela redação sobre a importância do *surf* na sua vida. Outro falou como seu *essay* na forma de uma música que

O SISTEMA DE ADMISSÃO ÀS ESCOLAS AMERICANAS

passava pelas diferentes fases da sua vida causou impacto pela originalidade. Ouvi muitas outras histórias como essas.

Alguns membros do comitê de admissão chegam a analisar cinco mil *applications*. Em 2017, a *University of California, Los Angeles* — UCLA recebeu mais de 102 mil *applications*, a UMichigan recebeu quase 60 mil, a Georgia Tech recebeu mais de 35 mil, Princeton mais de 31 mil, o MIT mais de 19 mil, e assim por diante. Cada *application* traz os *scores*, os *essays*, as cartas de recomendação, as atividades extracurriculares e o que mais for exigido. Os responsáveis pela análise deste material são pessoas normais, como todos nós, e ficam cansados, além de terem prazos rigorosos a serem cumpridos. Imagine-se em uma situação dessas. Depois de analisar centenas ou milhares de *applications*, o que faria você despertar durante a análise de determinado candidato? A resposta é, uma boa história, bem contada, em um inglês impecável. E quando digo história, não quero dizer algo falso, mas a sua própria história contada de uma forma poética, interessante, como um daqueles textos que começamos a ler e não conseguimos parar, pois queremos saber o que vem a seguir. A ideia é essa.

E por que o lema do "Um por todos e todos por um"? Porque o ideal é que essas três partes, seu *essay*, suas cartas de recomendação e suas atividades extracurriculares/*honors*, tenham uma interligação. Se essas três partes estiverem interligadas e demonstrarem harmonia entre si, elas reforçarão características da sua personalidade que serão importantes para sua candidatura. Se, por exemplo, sua ambição for estudar algo ligado à educação, o ideal é que pelo menos um dos seus *essays* trate disso, suas cartas de recomendação mencionem esta face da sua personalidade e as atividades que você desenvolve estejam de alguma forma ligadas ao assunto.

EMILIO COSTA

Como buscar esta uniformidade se você aplicar como *unde-cided*? Bem, você pode não saber exatamente o que estudará, mas deve saber do que gosta ou quais áreas o interessam. Você pode gostar de Física, Literatura, estudos medievais ou Arte, por exemplo, e deve buscar refletir este interesse por meio de suas atividades extracurriculares. A *application ideal* é como um quebra-cabeças cujas peças devem se encaixar perfeitamente.

Vamos então analisar cada um desses três itens isoladamente.

ESSAY OU PERSONAL STATEMENT

Como já vimos, os *essays*, também chamados de *personal statement*,[1] são muito importantes. Os candidatos competitivos possuem boas notas e vão bem nos testes. As notas e os testes são importantes, pois revelam capacidade para acompanhar a universidade, mas dizem pouco sobre a pessoa, seus interesses e os benefícios que ela pode trazer para a vida no *campus*. Um bom *essay* revela tudo isso.

Como fazer um bom *essay*? Provavelmente você já ouviu muitas críticas sobre pessoas que só falam de si mesmas e só olham para seus próprios umbigos. Para fazer seu *essay*, você terá que ser esse tipo de pessoa. Você será o principal assunto da sua redação, pois, afinal de contas, é você que as escolas querem conhecer, não seu melhor amigo, seus familiares ou um professor que foi importante na sua vida. Esses personagens podem até fazer parte da sua redação, mas como coadjuvantes.

---

1 Declaração pessoal.

O SISTEMA DE ADMISSÃO ÀS ESCOLAS AMERICANAS

No seu *essay* você estará concorrendo ao *Oscar* de melhor ator. Todos os outros serão coadjuvantes. Mas você deve buscar o equilíbrio, mesmo sendo o centro das atenções.

Você é a estrela principal, mas é preciso tomar cuidado para não ser arrogante ou esnobe. Você pode usar um pouco de autoironia e ser divertido, mas sem exageros. Ou você pode escolher tratar de um assunto sério e mostrar como lidou com ele. O importante é que você seja uma pessoa interessante e se destaque frente aos demais candidatos. Seja sempre honesto; você pode poetizar e romantizar sua história, mas jamais minta ou tente ser aquilo que você não é. Cative seu leitor. Pesquise sobre como fazer uma boa redação e leia as diversas redações disponíveis na internet para você começar a compreender melhor o que é um bom *essay*.

Há inúmeros sites com dicas fantásticas sobre como fazer uma boa redação. Há profissionais especializados nisso. Pesquise e veja exemplos de boas e más redações, mas não deixe para fazer as redações em cima da hora, tratando-as como assunto de menor importância. Boas escolas podem aceitar 100% de seus candidatos nos *percentiles* mais altos dos testes se quiserem, mas elas não fazem isso. Elas não estão buscando somente bons *scores*. Elas buscam pessoas interessantes e interessadas. Muita atenção no inglês. Ele precisa estar impecável, sem erros. Uma boa história contada em inglês sofrível não será uma boa história. Sua redação precisa ser revista por alguém que tenha um ótimo inglês. Não a considere terminada antes disso, e não ultrapasse o espaço sugerido pela universidade. Lembre-se de que o comitê de admissão lerá milhares de páginas, e eles não querem encontrar uma redação no estilo Guerra e paz, do Tolstói. Por mais bem escrita que ela possa estar, ela não será lida. Conte uma história interessante, sem ultrapassar o espaço ou número de caracteres sugerido pela escola, com inglês impecável.

CARTAS DE RECOMENDAÇÃO

Nem todas as escolas exigem cartas de recomendação, mas, como a maioria delas exige, é melhor você já contar com esse item. Um erro comum é acreditar que se a carta de recomendação for fornecida por alguém importante, ela terá um peso especial na *application*. Isso não é verdade e poderá ser malvisto pelas escolas.

Na mesma linha dos *essays*, as cartas de recomendação mostrarão aos comitês de admissão o que o aluno é além dos *scores*. Elas são, portanto, parte importante do processo. Não as subestime.

O primeiro ponto é saber quantas cartas são exigidas e quem deve escrevê-las. Em geral, você precisará providenciar três cartas, sendo, preferencialmente, duas de professores e uma de algum coordenador da sua escola. Pesquise este assunto no site das universidades escolhidas, pois é comum elas fazerem alguma sugestão nesse sentido.

O ideal é que sejam professores dos seus dois últimos anos do ensino médio, pois desta forma o retrato que eles apresentarão de você será o mais atualizado possível.

ATENÇÃO: as pessoas que escreverão suas cartas devem realmente conhecê-lo. Não escolha alguém que tenha um cargo importante na escola, como o diretor, por exemplo, por achar que uma carta dele terá mais peso, a não ser que ele de fato o conheça muito bem e, obviamente, por motivos positivos. Não

O SISTEMA DE ADMISSÃO ÀS ESCOLAS AMERICANAS

há problema se você por um acaso tiver mudado de escola e quiser pedir uma carta para um antigo professor ou mesmo coordenador, a não ser que a universidade exija que as cartas sejam de sua escola atual. Por isto, é importante consultar o site da universidade e ver se há alguma recomendação específica, mas procure ter pelo menos alguém da escola atual escrevendo uma das cartas.

Em geral, as cartas são divididas da seguinte forma: um parágrafo inicial bem curto, em que o recomendador se apresenta, informando o cargo que ocupa, a disciplina que ele leciona, no caso do professor, e como ele conhece o aluno. Lembre-se de que a estrela aqui é você e não o recomendador. Portanto, essas informações devem ser bem objetivas.

A partir deste ponto, o palco é seu. O recomendador deverá falar sobre suas qualidades, e exemplos são muito importantes. Dizer que você é um bom aluno e tem boas notas não vai ajudar, pois essa informação estará disponível para as universidades no seu histórico escolar. Aqui, como nos *essays*, as escolas querem conhecer o candidato que está por trás das notas. Características como criatividade, iniciativa, motivação, maturidade emocional, liderança, relação com os colegas, entre tantas outras, podem ser apresentadas. Os exemplos contam muito. O professor afirmou que você é uma pessoa criativa? Ótimo! Então ele deverá dar um exemplo concreto de sua criatividade, narrando algum episódio. Isso vale para toda a carta. Quanto mais exemplos ele puder mencionar, melhor.

A carta poderia ser finalizada dizendo de que forma o recomendador acredita que sua presença naquela escola será importante não só para você, mas, principalmente, para a escola. Afinal, uma questão muito presente nos sites das diversas escolas é: "Como você acredita que sua presença enriquecerá a vida do nosso *campus*?" A assinatura, o número de telefone e um e-mail do recomendador fecham a carta.

Este é somente um exemplo fictício. Há profissionais e sites incríveis sobre o assunto, basta pesquisar. Minha intenção foi a de dar um panorama geral.

O inglês deve ser perfeito. Se o recomendador não escrever em inglês, pergunte se você pode fazer a versão para que ele assine, ou, em último caso, faça uma tradução juramentada. Verifique se o site da universidade exige isso no caso de recomendadores que não escrevam em inglês. Por fim, não deixe para providenciar essas cartas na última hora. Pode ser que os recomendadores saiam de férias, tenham imprevistos ou demorem a fornecer a carta, e talvez ela tenha que ser corrigida e alterada. Tudo pode acontecer. Portanto, converse com os recomendadores com antecedência e veja quais aceitam escrever a carta.

ATIVIDADES EXTRACURRICULARES E *HONORS*

Na mesma linha dos *essays* e das cartas de recomendação, as atividades extracurriculares são utilizadas pelas universidades para saber como você é fora da sala de aula, como você se integra à sua comunidade e como você se relaciona com os outros, além de conhecer quais são seus *hobbies*,[1] uma vez que seus interesses além da escola podem dizer muito do que você é. Não custa repetir que as escolas não estão à procura somente de

---

1 Passatempos ou atividades nas quais uma pessoa se engaja por prazer e não por obrigatoriedade.

O SISTEMA DE ADMISSÃO ÀS ESCOLAS AMERICANAS

bons alunos, com boas notas e bons testes, mas de pessoas interessantes.

Alguns jovens direcionam suas energias não às atividades pelas quais sentem maior afinidade, mas àquelas que julgam agradar mais às universidades. Não siga esse caminho. As atividades extracurriculares precisam trazer satisfação. Desta forma, além de auxiliarem na sua formação pessoal, elas serão bem desempenhadas. É muito mais fácil fazer bem feito aquilo que gostamos. E uma atividade de qualidade causará uma boa impressão.

Um ponto é sempre enfatizado pelas escolas: qualidade é muito mais importante do que quantidade. Entre fazer uma atividade bem-feita ou fazer inúmeras atividades mais ou menos, escolha a primeira alternativa. O ideal é que você inicie as atividades algum tempo antes da candidatura, para não parecer que sua intenção é apenas agradar o comitê de admissão.

Três características causam boa impressão nas atividades extracurriculares: liderança, envolvimento e impacto. Para demonstrar liderança, você não precisa ser capitão da equipe de basquete ou futebol. Organizar um evento cultural ou acadêmico na sua escola é um exemplo de liderança. O envolvimento é demonstrado pela frequência com que a atividade é exercida. Por isso, é importante iniciá-la algum tempo antes da candidatura. Seu envolvimento ocorrerá de forma natural se você descobrir uma atividade que o agrade. O impacto tem a ver com o resultado que a atividade tem não somente em relação aos outros, mas em relação a você também. Uma boa atividade extracurricular melhora a vida das pessoas a quem ela é dirigida, mas também tem um efeito positivo sobre quem a desenvolve.

As atividades não precisam necessariamente incluir algum tipo de trabalho voluntário. Ajudar o próximo é um ato nobre, mas você não precisa obrigatoriamente fazer isso para que a universidade o considere um bom candidato. Faça isso se você realmente sentir que pode ser útil aos outros, não para posar como bom samaritano. Se o trabalho não for sincero, isso provavelmente será percebido na *application*. Você pode formar uma banda de rock, criar um blog, promover um seminário interessante na sua escola, destacar-se no estudo de algum idioma ou esporte. As opções são muitas. O importante é mostrar que você tem iniciativa, que sua vida não é somente escola e estudo.

Se você está se sentindo ansioso em relação às atividades, tente responder algumas perguntas. O que você gosta de fazer no seu tempo livre? Se você gosta de jogar videogame, você seria capaz de bolar algum jogo? Se você curte música, que tal organizar algum evento na sua escola? Se você leva jeito para ensinar, que tal dar aulas para alunos carentes ou ajudar os colegas da sua escola? Se sua escola não tem um programa de auxílio a crianças carentes, que tal criar um? Você tem algum *hobby*? Pintura? Dança? Marcenaria? Cinema? Que tal fazer um filme com sua câmera e colocá-lo na internet?

Esportes também costumam ser bastante apreciados. Mesmo que você não se candidate como atleta, atividades como jogar no time da escola ou mesmo fora dela, serão bem vistas. Você não precisa ser o melhor jogador ou o capitão da equipe. Se for, ótimo, pois você unirá liderança e esportes em uma só atividade. Mas a simples prática esportiva demonstra disciplina, perseverança, espírito de equipe e sociabilidade. Esportes individuais também mostram isso.

Você trabalha? Fez algum estágio? Houve algo especial que você aprendeu com essas atividades? Isso também conta como atividade extracurricular e pode render boas histórias.

Esses são apenas alguns exemplos para ilustrar o que as universidades buscam nos candidatos. Você pode fazer algo que nem foi mencionado aqui, mas que vai impressionar os comitês de seleção. As alternativas são praticamente infinitas. Um aluno me contou de um colega que, sabendo trabalhar com metalurgia, moldou o símbolo da universidade e enviou o trabalho ao comitê de admissão. Ele me garantiu que essa atitude foi decisiva na aceitação daquele colega.

Algumas escolas valorizam mais determinadas características do que outras. Por exemplo, há universidades que buscam candidatos que tenham um perfil de liderança. Outras privilegiam o trabalho em equipe. Nem sempre fica claro qual é o perfil de candidato que a universidade busca. Se a escola na qual você deseja estudar tiver um foco claro, tente desenvolver atividades na linha desejada. Pelo menos será uma forma de você saber se aquela é a escola ideal para você.

Para fechar este assunto, vamos falar um pouco das *honors*[1] ou honrarias. Isso é bastante considerado pelas universidades. As honrarias incluem ser o orador da turma, ganhar uma medalha em algum concurso de línguas, ciências, Matemática, Dança, Música, xadrez, ser convidado para fazer parte de alguma turma especial do colégio ou ter uma colocação de destaque na sua turma. Enfim, algo que você recebeu e que o destaque frente aos demais estudantes, em nível local, estadual ou nacional. Quanto maior a abrangência da honraria, melhor.

Os americanos valorizam as conquistas pessoais. Eles buscam a excelência. Assim, quanto mais você conseguir se destacar, mais valorizada será sua candidatura. As *honors* são parte importante nessa tarefa.

Coloquei as atividades extracurriculares e as honrarias no mesmo item porque, em geral, há um espaço comum nas *applications* para menção de ambas. Elas contarão muito na sua *application*.

---

1 Honrarias.

UMA ÚLTIMA PALAVRA SOBRE OS TRÊS MOSQUETEIROS

Os três mosqueteiros serão uma parte importantíssima da sua candidatura. Eles devem ser preparados com muito capricho e em inglês impecável. Eles poderão colocar sua *application* em um patamar acima de seus concorrentes, mesmo daqueles com melhores *scores* nos testes. Se forem bem feitos, eles poderão ser o passaporte para a escola dos seus sonhos.

Conforme já foi comentado, o ideal é que haja uma harmonia entre essas três partes. Uma boa atividade extracurricular pode, por exemplo, render um bom *essay*, e você pode receber uma carta de recomendação de alguém que tenha atuado junto com você nessa atividade. Mas essa sincronia não é imprescindível, embora desejável, e não é fácil de ser conseguida. Portanto, com sincronia perfeita ou não, o importante é que você desenvolva uma atividade que lhe traga satisfação, prepare *essays* interessantes e tenha boas cartas de recomendação. Isso requer tempo e planejamento. Quanto mais cedo você começar a se dedicar a essas tarefas, melhor.

MATERIAL ESPECIAL

Há determinados cursos que exigem a apresentação de um portfólio. Se você se candidatar a uma escola de Arquitetura, Música, Moda ou Cinema, entre outras, provavelmente será necessário o envio de algum material especial que mostre seu interesse e talento envolvendo aquela área.

Por exemplo, se você se candidatar ao curso de *Film & Television* da *New York University — NYU*, além de fornecer o material

O SISTEMA DE ADMISSÃO ÀS ESCOLAS AMERICANAS

que é normalmente exigido como testes, notas, etc., será necessário preparar um portfólio. Veja abaixo as instruções obtidas diretamente no site da NYU (as informações foram bastante resumidas, mas podem ser obtidas em sua íntegra no site da universidade, indicado em *Referências*, no fim do livro).

*You must prepare **a five-part creative portfolio** and submit via the Department online application system, Slideroom.* [1]

Resumidamente, as cinco partes do portfólio são:

1. Um *curriculum* de uma página que destaque a realização de trabalhos criativos, atividades e/ou empregos relevantes;
2. Um texto de, no máximo, uma página (300 palavras), descrevendo uma experiência que você tenha liderado ou na qual tenha tomado parte, envolvendo um trabalho criativo;
3. A descrição, na forma de uma história, de um evento que tenha mudado sua vida ou de alguém próximo a você;
4. Um texto indicando suas influências artísticas (um filme, peça, pintura, música ou outro trabalho significante que tenha influenciado seu trabalho ou a maneira como você vê o mundo);
5. Uma das opções a seguir, que demonstre capacidade visual de contar uma história e expressão criativa: a) um filme ou vídeo; b) um portfólio com fotos, desenhos, pinturas, esculturas ou uma cenografia; c) uma sequência de dez ou quinze imagens fixas que contem uma história; d) um texto com, no máximo, seis páginas, de um trabalho criativo, contendo uma história curta, o *script* de um filme ou de uma peça de teatro.

---

[1] Você deve preparar um portfólio criativo com cinco partes e enviá-lo por meio do sistema de *application online* do departamento, *Slideroom*.

Este é apenas um exemplo. Cada universidade tem suas próprias exigências e especificações. Se você pretende se candidatar a essas áreas, visite o site da universidade para se informar sobre o material especial.

Um bom portfólio é essencial para sua aceitação, pois demonstra seu interesse e capacidade. Dificilmente uma escola competitiva aceitará um candidato que não tenha um bom portólio.

ENTREVISTAS

Nos EUA, muitas universidades realizam entrevistas. Quando o candidato está no Brasil, no entanto, as entrevistas pessoais não são frequentes. Isso porque os entrevistadores geralmente são ex-alunos e nem todas as universidades possuem ex-alunos no Brasil com disponibilidade para essa atividade. De qualquer forma, se você se candidatar a escolas competitivas, como as *Ivy Leagues*, provavelmente haverá uma entrevista, que poderá ser feita pessoalmente, via *Skype* ou telefone. A escola adotará as providências necessárias para organizá-la. Se a escola não possuir entrevistadores na sua cidade nem forma de realizá-la por outro meio, você não será entrevistado. As escolas têm limitações para realização dessas entrevistas e muitos candidatos não são entrevistados.

Há farto material na internet sobre entrevistas com universidades e, como sempre, encorajo-o a pesquisar esse material. A entrevista é uma chance para que você e a universidade possam se conhecer melhor.

Tão importante quanto saber ouvir o que seu entrevistador dirá serão as perguntas que você fará. Algumas dicas são

O SISTEMA DE ADMISSÃO ÀS ESCOLAS AMERICANAS

óbvias. Por exemplo, jamais vá a uma entrevista sem antes pesquisar bem o site da escola. Assim, você não correrá o risco de fazer perguntas sobre assunto que foi apresentado no site. O entrevistador tem que sentir que você conhece a escola, e você deve aproveitar a entrevista para tocar naqueles assuntos que não estão no site. Se houver uma empatia sua com o entrevistador, a conversa pode acabar sendo muito boa, assim como sua avaliação.

As entrevistas pessoais serão feitas em inglês, em algum lugar público, como, por exemplo, um café, e serão marcadas de comum acordo entre você e o entrevistador. Em geral, você receberá um e-mail dele, no endereço fornecido na sua *application*.

Se você for convidado para uma entrevista, não recuse, mesmo que a universidade a considere somente recomendável. A esta altura já vimos que, nesses processos de *application*, esta palavra recomendável deve ser lida como "é melhor fazer!".

A entrevista é uma forma de você falar sobre seus interesses, suas paixões, mostrar o quanto você quer estudar naquela escola e obter informações do seu entrevistador.

Veja a informação a seguir, retirada diretamente do site do MIT:

"At mit we don't just want to see how you look on paper: we're interested in the whole person. That's why, whenever possible, we offer an interview with a member of the mit Educational Council, a network of over 4,500 mit graduates around the world who volunteer to meet with applicants in their home area.

Interviews are strongly recommended. **In fact, last year, of eligible applicants, we admitted 10.8% of those who had an**

interview (or who had their interview waived) but only 1% of those who chose not to interview."[1]

O negrito está no próprio site do MIT. Isso mostra como a entrevista é importante. Portanto, não recuse o convite.

As entrevistas costumam ser informais, ou seja, você não precisa ir de terno, embora deva ir bem vestido. O site do College Confidential dá boas dicas sobre entrevistas nas diversas universidades e o que cada uma delas busca. As próprias universidades também podem informar o que normalmente é abordado em suas entrevistas. A dinâmica da entrevista dependerá de cada entrevistador, mas há algumas questões sobre as quais é interessante que você tenha uma opinião já formada como, por exemplo, por que você deseja estudar naquela escola, como você poderá contribuir para a vida no *campus*, o que você deseja fazer depois de formado e seu livro ou filme favorito. Essas são perguntas clássicas. Em relação às perguntas que você deseja fazer, não há problema em levá-las anotadas em um papel.

Se você tiver alguém com quem praticar as questões, ótimo. Senão, imagine as perguntas que poderão ser feitas e ensaie as respostas em inglês. Você não precisa repetir frases feitas como se fosse um robô, mas é interessante que você já tenha em

---

[1] No MIT nós não queremos somente saber como você é no papel: nós estamos interessados na pessoa como um todo. Por este motivo, sempre que possível nós oferecemos uma entrevista com um membro do Conselho Educacional do MIT, uma rede com mais de 4.500 graduados no MIT ao redor do mundo, voluntários que se encontram com os candidatos em suas áreas de residência. As entrevistas são fortemente recomendadas. **Na verdade, no último ano, dos candidatos considerados aptos, nós admitimos 10,8% daqueles que foram entrevistados (ou que foram dispensados da entrevista), mas somente 1% daqueles que preferiram não ser entrevistados.**

mente como se expressar sobre diversos assuntos. Afinal, *practice makes perfect.*[1]

Se você não for chamado para uma entrevista, isso não quer dizer de forma alguma que você está fora do jogo. A entrevista envolve uma logística complicada, principalmente no caso de alunos que estão fora dos EUA, e muitas vezes ela não pode ser feita. As universidades sabem disso. Ao mesmo tempo, se você foi chamado para uma entrevista, isto não é uma garantia de aceitação, embora possa ajudar. Portanto, pratique as questões que você deseja fazer ao entrevistador e as respostas às questões mais tradicionais. Por fim, os especialistas recomendam que você não pergunte sobre suas chances de admissão durante a entrevista.

ATENÇÃO ÀS REDES SOCIAIS

"Alunos perdem vaga em Harvard após mensagens sexistas e racistas"

A matéria acima, publicada no site do jornal O Estado de S. Paulo em junho de 2017, informou que a Universidade de Harvard "... rescindiu a matrícula de dez novos estudantes. O motivo foi a divulgação de diversas mensagens ofensivas em redes sociais." Se você quiser ler a matéria completa, o link está indicado no fim do livro, em *Referências*. De acordo com o texto,

---

1 A prática faz a perfeição.

a conversa entre os alunos se deu em um bate-papo privado no Facebook.

Assim como as empresas, as escolas estão ligadas no que ocorre nas redes sociais. Não vou discutir aqui o direito que as pessoas têm de se manifestar como quiserem nas redes sociais, pois este é um assunto que costuma gerar muita controvérsia. Estou apenas passando uma informação que considero relevante.

O humor dos americanos é diferente do nosso. O que soa como brincadeira para nós pode não ter a mesma conotação para eles.

Um grande número de jovens tem contas em redes sociais, e uma das mais famosas dessas redes foi justamente criada em Harvard. Não estou dizendo que você não deva participar de redes sociais, mas minha sugestão é que você seja cauteloso em sua utilização, pois parece que essas redes têm se tornado uma fonte de referência tanto para universidades quanto para empresas que oferecem estágios aos alunos.

Uma brincadeira inconsequente pode prejudicar sua candidatura ou a obtenção de um bom estágio durante seu curso. Use as redes sociais livremente, mas tenha sempre isso em mente.

TRANSFERÊNCIA ENTRE ESCOLAS

Muitas escolas americanas aceitam transferências. O aluno pode se transferir de um *community college*, também chamado de *junior college*, para uma universidade, ou de uma universidade americana para outra também americana, ou ainda de uma universidade brasileira para uma americana.

Nas duas próximas partes desta seção, reproduzi textos publicados no site da *Daquiprafora*, com pequenas adaptações somente para efeito de apresentação. A terceira parte foi resultado de uma conversa com uma especialista que preferiu não ter seu nome divulgado por motivos profissionais. As informações são bastante esclarecedoras sobre como essas transferências funcionam.

DE UM *COMMUNITY COLLEGE* PARA UMA UNIVERSIDADE AMERICANA

Em época de crise financeira, pais e estudantes procuram como nunca universidades que oferecem o melhor custo-benefício. Como são muito mais baratos do que as universidades, os *Junior Colleges* (também chamados *community colleges*) são os maiores beneficiários da crise.

Alguns especialistas acham que está se criando uma tendência no sentido de que *Community Colleges* façam parcerias com universidades. Susan Kinzie, no Washington Post de 14 de janeiro de 2009, escreveu que a *University of the District of Columbia* está se reestruturando para criar uma divisão especial de *Junior College* junto com a *Southeastern University*.

Os chamados *Community* ou *Junior Colleges* oferecem os dois primeiros anos do ensino superior americano, que são básicos para todos os cursos, por um custo anual muito menor do que o das universidades (geralmente a metade do preço). Essa grade curricular feita no *Junior College* pode ser transferida integralmente ao final de dois anos para uma universidade, para que o aluno complete os dois anos restantes para se formar. Além dos dois anos básicos, os *community colleges* oferecem também cursos técnicos de dois anos.

EMILIO COSTA

ENTREVISTA: THIAGO SOUZA, DE UM JUNIOR COLLEGE PARA A UCLA

Los Angeles, Estados Unidos — A *University of California, Los Angeles*, ou simplesmente UCLA, é um sonho de consumo para muitos universitários ao redor do mundo.

Entre os milhares de notáveis alunos que passaram pelas salas de aula da UCLA estão Steve Crocker (um dos criadores dos protocolos que serviram como base para a internet), Francis Ford Coppola (renomado cineasta), Tim Robbins (ator ganhador de um Oscar), Ben Stiller (ator e comediante), Anthony Kiedis (vocalista do Red Hot Chilli Peppers), Jim Morrison (do The Doors), Arthur Ashe (lenda do tênis), Jimmy Connors (lenda do tênis), Kareem Abdul-Jabbar (lenda do basquete), Jackie Joyner-Kersee (lenda do atletismo), Karsh Kiraly (lenda do vôlei). É extensa a lista de ex-alunos notáveis da UCLA.

Entre os professores, há vários ganhadores de Prêmios Nobel, medalhistas olímpicos, ex-governadores e ex-senadores, entre outros altamente condecorados.

A partir do mês de agosto, o paulista Thiago Souza andará pelos corredores e usará as mesmas salas de aula que essas pessoas ilustres acima usaram.

Thiago iniciará o seu terceiro ano como universitário, mas seu primeiro como estudante de UCLA. Para conseguir ingressar na prestigiada universidade de Los Angeles, Souza trilhou um caminho diferente: o caminho do *Junior College*.

O plano inicial era começar uma universidade jogando tênis com bolsa de estudo, no começo de 2006. Thiago até conseguiu ofertas de universidades, mas não conseguiu notas suficientes para ingressar nas instituições.

Então, Thiago resolveu colocar seu plano B em prática e, no meio de 2006, partiu para o *College of the Desert*, um *Junior*

College localizado na pequena *Palm Springs*, no estado da Califórnia.

Com uma adaptação tranquila e notas boas no *College of the Desert*, Thiago decidiu abandonar o tênis e focar primordialmente no lado acadêmico para tentar uma vaga em uma das universidades mais conhecidas do mundo, e foi bem sucedido.

Em conclusão, se não fosse pela adaptação e conhecimento adquiridos com a vivência no *Junior College*, Thiago jamais teria conseguido ir para uma universidade à altura da UCLA, pois não tinha o nível de inglês necessário para tirar a notas pedidas por universidades desse quilate. Há quem pense que o *Junior College* acaba sendo um demérito, pois exige um nível de inglês mais baixo, mas casos como o de Thiago provam que não é bem assim.

Na entrevista, Thiago conta como era a sua rotina no *College of the Desert* e como foi sua bem sucedida transferência para a UCLA.

Por que você escolheu ir para um *Junior College*? Que notas tirou no SAT e TOEFL?

Eu recebi três ofertas de universidades da divisão II para jogar tênis no começo de 2006, mas como eu tirei 780 no SAT e 53 no TOEFL (IBT), não pude ir no começo do ano. Como minhas notas estavam baixas, um amigo me recomendou ir para um *Junior College*, depois disso eu entrei em contato com o pessoal da *Daquiprafora* e percebi que ir para um *Junior College* seria uma boa idéia.

Como era o seu nível de inglês antes de ir para lá?

Logo no começo eu tive dificuldade em entender o que os californianos falavam, pois eles usam muita gíria e falam bem rápido. Meu vocabulário era bem limitado, mas em geral eu me comunicava razoavelmente bem e entendia quase tudo o que me falavam.

Foi difícil acompanhar tudo no começo? Como está o seu nível de inglês agora?

O fato de eu ser bem comunicativo me ajudou bastante. Um mês depois que eu cheguei, já estava em aula e não tive dificuldade em entender os professores. Hoje, o meu nível de inglês está muito bom e eu me sinto à vontade conversando em inglês.

Você jogou tênis no *College of the Desert*. Poderia ter ido para outra universidade para jogar, se quisesse?

No *College of the Desert*, eu joguei a temporada de 2007. Tive a chance de me transferir com bolsa para jogar em universidades da NAIA e da divisão II.

O processo de transferência para a UCLA foi tranquilo?

Aqui na California existem contratos em que os estudantes de instituições de dois anos, após completar certos requisitos, conseguem garantir admissão em ótimas universidades públicas como a UC San Diego, UC Santa Barbara e UC Irvine. Porém, não existe contrato para a UCLA e Berkeley. Nessas universidades, a admissão é bem competitiva. As conselheiras do *Junior College* me ajudaram bastante e me mostraram alguns sites que orientam estudantes que estão fazendo a transição de *Junior College* para Universidade. A transição pode ser bem tranquila, desde que o aluno procure saber de todos os requisitos necessários para transferir. Existem pessoas que estão lá para ajudar e cabe ao aluno procurar ajuda. Eu apliquei para oito instituições da *University of California System* e fui aceito em sete; só não fui aceito em Berkeley. Escolhi a UCLA porque gostei do programa que combina estudos em Matemática e

O SISTEMA DE ADMISSÃO ÀS ESCOLAS AMERICANAS

Economia, além do fato de ser uma universidade de tradição e com uma ótima localização.

Como eram as suas notas no *College of the Desert*, você estudava muito?

As aulas de ensino geral são mais fáceis e eu não precisava estudar muito para elas. Eu estudava mais para as aulas de Economia, Matemática e Computação. A maioria das minhas notas é A e B e meu GPA após terminar todas as aulas foi 3.45 (4.0 é a nota máxima).

E você encontrava tempo para trabalhar também?

Sim, sobrava tempo para trabalhar. No começo, eu jogava tênis com pessoas indicadas pelo meu técnico para fazer uma grana extra. Depois eu comecei a trabalhar como tutor de Economia e Matemática no centro acadêmico do *Junior College*. Como tutor, eu ia para o centro acadêmico e ficava à disposição dos alunos com dúvidas nessas duas disciplinas. Como meu salário era pago de acordo com as horas trabalhadas (eu recebia US$ 10 por hora), e eu podia ficar no centro acadêmico como tutor até no máximo seis horas por dia, quase todos os dias eu fazia minha tarefa e estudava lá. O melhor de tudo é que, com isso, conseguia fazer uma graninha extra. O trabalho era bem tranquilo, e poder ajudar outros alunos foi uma ótima experiência.

Seus amigos no *Junior College* também conseguiram se transferir para outras universidades normalmente?

O *College of the Desert* tem um ótimo time de tênis, e todos os meus amigos do time se transferiram com bolsa de estudos para universidades dentro e fora da California. Outros amigos que não faziam parte de times esportivos também conseguiram transferir sem problemas, e alguns conseguiram bolsas de estudos acadêmicas.

Nota do autor: É importante notar como as notas (GPA) no *Junior College* foram importantes na transferência. A seguir, uma outra matéria que trata de transferência entre universidades nos EUA.

DE UMA UNIVERSIDADE AMERICANA PARA OUTRA UNIVERSIDADE AMERICANA

De acordo com sua autobiografia, *A Origem dos Meus Sonhos*, Barack Obama sentia-se solitário e desconfortável no seu primeiro ano de faculdade no Occidental College, em Los Angeles. Por isso, ele decidiu fazer a transferência para algum lugar mais urbano e mais diversificado — *Columbia University*, em Nova York. A experiência funcionou, e *Columbia* foi uma parte importante no desenvolvimento do homem que ocupou a Casa Branca.

Não quero dizer com isso que se transferir para outra universidade fará com que você se torne o próximo presidente dos Estados Unidos; apenas quis demonstrar que optar pelo mesmo caminho que Barack Obama não é tão difícil e nem consome tanto tempo quanto muitas pessoas imaginam. Alunos decidem transferir-se porque o curso não atendeu suas expectativas e/ou por questões pessoais. Há também os que simplesmente não gostam da universidade em que estão e desejam ir para uma universidade mais conceituada.

Uma das grandes vantagens do ensino superior norte-americano é a facilidade de realizar transferência de uma universidade para outra. Um aluno que não tenha notas altas suficientes

O SISTEMA DE ADMISSÃO ÀS ESCOLAS AMERICANAS

para entrar nas universidades mais bem conceituadas pode entrar em uma que seja mais viável a partir de suas notas e depois realizar a transferência para uma universidade melhor. Conversamos com dois ex-alunos da *Daquiprafora* que seguiram esse caminho, Daniel Gildin e Fernando Belardinelli, para compartilhar suas experiências neste processo.

Uma vez nos Estados Unidos, o aluno pode conseguir transferência para uma universidade mais bem-conceituada se tiver ótimas notas no primeiro e segundo anos. Fernando Belardinelli, que se transferiu da *University of West Florida* para a *University of Florida*, afirmou: "Durante os dois primeiros anos, eu estava muito focado em ter notas muito boas para maximizar minhas chances de transferência. Focava muito no meu desempenho acadêmico. Já nos dois últimos anos, após a transferência, foquei bastante em realizar atividades extracurriculares e estágios. Durante esse período, participei de diversos clubes e organizações e fiz um estágio de seis meses no Citi em Nova York. As notas do SAT e ACT são mais importantes para alunos de Ensino Médio do que para aqueles que pretendem se transferir. Na verdade, quanto mais tempo você passou na faculdade, menos as outras instituições se importam com as notas do SAT e ACT."

Daniel Gildin, que se transferiu da *California Polytechnic State University-San Luis Obispo* para a *University of Michigan*, diz: "A burocracia é muito parecida com aquela pré-universidade, com algumas exceções que facilitam o processo para que você consiga focar nas redações e no seu GPA. Por exemplo, não há necessidade de fazer traduções de documentos, grande parte das universidades não exige que você faça o TOEFL novamente e todos os documentos necessários já estão no formato que as universidades usam, sem necessidade de customização."

Você não vai querer perder seus créditos quando for para outra universidade. Durante o processo de admissão, converse com um avaliador especializado para ter uma noção de quais créditos são transferíveis. Você poderá perguntar na universidade se eles têm um coordenador de transferência para auxiliar no processo.

Tipicamente, será perguntando ao aluno o motivo de sua transferência. É importante realçar que o aluno deve evitar falar mal da universidade em que está. Em vez disso, ele deve focar nas razões positivas da transferência e em pontos específicos que a nova universidade oferece que o atraíram.

Daniel Gildin dá um último conselho para quem pretende fazer uma transferência: "Não tente achar atalhos. O caminho para uma transferência para um universidade top é conhecido por todos, mas é preciso disciplina. Você precisa tirar ótimas notas (*top* 2% da sua turma) e se envolver no *campus* tanto em atividades acadêmicas quanto extracurriculares. Aproveite para aprimorar algumas habilidades que universidades conceituadas esperam que você tenha, como comunicação, autonomia, etc.".

Fernando considera este um caminho muito interessante, principalmente para os que se dedicarem a conseguir boas notas nos dois primeiros anos de faculdade. "Foi o meu caso! Certamente eu não conseguiria entrar direto na *University of Florida*, mas após me esforçar durante os dois primeiros anos na West Florida, construí um currículo que me rendeu não só a aceitação na *University of Florida*, mas também uma bolsa acadêmica bem generosa. Para os alunos que já estão decididos a tentar uma transferência, minha dica é pesquisar muito. Existem centenas de universidades muito boas nos Estados Unidos. Vale a pena gastar bastante tempo para escolher uma universidade alinhada com o perfil do estudante. Isso faz toda a diferença!".

Nota do autor: Novamente, o fator mais importante é o GPA. A seguir, apresento informações sobre transferência de uma universidade brasileira para uma americana.

O SISTEMA DE ADMISSÃO ÀS ESCOLAS AMERICANAS

DE UMA UNIVERSIDADE BRASILEIRA PARA UMA UNIVERSIDADE AMERICANA

Se você é um estudante de graduação no Brasil e deseja se transferir para uma escola americana para terminar seu curso lá, leia com atenção a seção de perguntas e respostas a seguir, baseada em consulta que efetuei a uma especialista.

As universidades americanas aceitam estudantes de graduação (*undergraduates*) transferidos de universidades brasileiras?

Sim, desde que o aluno tenha começado seus estudos numa universidade reconhecida pelo MEC.

Todas as universidades americanas aceitam *transfers* do Brasil, inclusive as mais competitivas?

Temos que ir por partes; a grande maioria das universidades aceita alunos de transferência, e muitos americanos também fazem transferência. Mas, assim como acontece na admissão de *freshmen* (calouros), a quantidade de vagas disponíveis para transferência e a seletividade desse processo podem variar muito de uma universidade para outra. Apesar de a maioria das universidades aceitar alunos de transferência, há uma minoria que não aceita nem mesmo de alunos americanos, mas de fato é um número pequeno de universidades que tem essa política. Para alunos que precisam de algum tipo de ajuda financeira na transferência, é importante saber que a disponibilidade de bolsas na transferência pode ser bastante reduzida. É importante verificar com a universidade qual a disponibilidade de ajuda financeira/bolsas para alunos internacionais de transferência.

Há alguma área de estudo cuja transferência seja mais bem-vista pelas universidades americanas?

Não diria que existe uma área para a qual a transferência seja mais bem-vista. No final, a aprovação do aluno vai depender do seu perfil e da disponibilidade de vagas.

A partir de que ano do curso no Brasil o aluno pode se candidatar para a transferência?

Algumas universidades americanas dizem para quais anos aceitam transferências. O mais comum é aceitarem transferências para o *sophomore* (segundo ano) ou *junior year* (terceiro ano). É importante entender que cada universidade define o que é um aluno de transferência de forma diferente. Para algumas delas, o aluno tem que se candidatar pelo processo de transferência após completar um semestre de universidade, para outras somente a partir de um ano. É importante verificar essas definições nos sites de cada universidade. Dito isso, dependendo da universidade americana, um aluno que completou um semestre no Brasil pode fazer o processo como *freshman* em algumas universidades e como *transfer* em outras. Também pode acontecer de um aluno no quarto ano de faculdade no Brasil querer transferir para os EUA. Ele pode fazer o processo de transferência, mas, após a admissão, a universidade americana vai definir quantos créditos serão aproveitados. É bem provável, neste último caso, que o aluno faça no mínimo mais dois anos de faculdade nos EUA, mas o tempo de estudo depende também de qual curso o aluno vem e para qual está se transferindo. Se forem áreas afins, há maior aproveitamento de créditos. Se forem áreas muito diferentes, o tempo de estudo pode ser maior.

Em geral, quais são as exigências para transferência?

As exigências variam de uma universidade para a outra. Então, é importantíssimo verificar caso a caso. É comum que peçam:

- TOEFL
- Cartas de recomendação (uma ou duas *de Instructor* e/ou *Advisor*, no caso do *Common Application Academic Evaluation*)
- Histórico escolar do Ensino Médio
- Histórico escolar da Universidade
- Redações
- Formulário de Candidatura

Algumas universidades podem pedir que alunos com apenas um semestre de faculdade façam o SAT ou ACT. Isso não é uma regra; é preciso verificar no site da instituição.

É recomendável que o aluno brasileiro contate algum professor da universidade para onde ele pretende se transferir?

Não tem problema fazer o contato, mas não é necessário. A recomendação, em caso de dúvidas sobre o processo de admissão, é de entrar em contato com o *Admissions Office*. Se a dúvida for sobre o programa de estudo especificamente, o *Admissions Office* poderá colocar o aluno em contato com um *academic adviser* ou coordenador do programa, dependendo da estrutura da universidade.

O estudante brasileiro consegue se transferir diretamente para o curso que ele já faz no Brasil?

Muitas vezes, sim.

O estudante brasileiro pode concorrer à bolsa de estudo nos EUA durante a própria solicitação de transferência ou deve esperar algum tempo?

Se há necessidade de bolsa de estudo, o aluno deve selecionar algumas universidades e, antes de se candidatar, verificar quais as possibilidades de bolsa/ajuda financeira para alunos internacionais fazendo transferência. Não são todas as universidades que oferecem esse tipo de bolsa, então esse deve ser um dos primeiros critérios. As bolsas geralmente são pedidas junto com o envio dos documentos de admissão, seja no próprio formulário de admissão, seja num formulário à parte.

Para as universidades americanas, faz alguma diferença em qual escola o estudante brasileiro está matriculado?

Depende da universidade. Mas, de forma geral, o desempenho acadêmico do aluno na faculdade brasileira tem maior peso nesse processo.

O estudante brasileiro consegue aproveitar alguma disciplina que tenha cursado no Brasil nos EUA ou ele começa do zero?

Desde que a universidade no Brasil seja reconhecida pelo MEC, o aluno deve aproveitar parte dos créditos cursados no Brasil. A quantidade de créditos aproveitados depende de muitas variáveis — se o aluno está transferindo para o mesmo curso nos EUA, provavelmente vai aproveitar um número maior de créditos do que um aluno que está mudando de área de estudo.

É possível usar o diploma para trabalhar no Brasil após o retorno (no caso de cursos mais específicos como, por exemplo, Engenharia)?

Todo aluno que volta ao Brasil com um diploma internacional pode começar a trabalhar em empresas privadas, que no geral reconhecem esse diploma. Mas para ter reconhecimento

O SISTEMA DE ADMISSÃO ÀS ESCOLAS AMERICANAS

de ensino superior no Brasil, esses alunos precisam passar por um processo de revalidação de diplomas. O MEC criou a plataforma Carolina Bori para trazer informações sobre esse processo (http://carolinabori.mec.gov.br/). Para se cadastrar nos órgãos de classe (CREA, por exemplo), um aluno precisa primeiro revalidar seu diploma. Essa revalidação também é importante para quem pensa em fazer um concurso público.

Quais os passos que o estudante deve seguir caso tenha a intenção de se transferir?

O primeiro passo é fazer uma boa pesquisa. Uma sugestão seria pesquisar universidades que oferecem sua área de estudo; se precisar de bolsa, pesquisar, dentre essas universidades, quais oferecem algum tipo de ajuda financeira para alunos internacionais; com a lista de universidades já mais madura, começar a se organizar vendo os requisitos que elas têm para alunos internacionais de transferência. Lembre-se de que os alunos americanos também fazem transferência de uma universidade para outra, e os requisitos podem ser um pouco diferentes.

CAPÍTULO 10

COMO ESCOLHER A UNIVERSIDADE IDEAL PARA VOCÊ

"Quem você é, o que você pensa, sente e faz, o que você ama – é a soma daquilo em que você se concentra."

CAL NEWPORT

De acordo com os dados publicados no *U.S. Department of Education, National Center for Education Statistics (2016)*, nos anos 2012/2013, os EUA possuíam 4.726 instituições habilitadas a fornecer um diploma de graduação, sendo 1.700 delas escolas com cursos de dois anos e 3.026 com cursos de quatro anos.

No meio dessas 3.026 escolas, certamente há muitas que são sua *dream school* (escola dos sonhos). Você precisa encontrá-las. Como veremos mais à frente, no Capítulo 11, você selecionará um número reduzido de escolas para as quais enviará suas *applications*.

Mas como fazer esta escolha? Neste capítulo, darei algumas dicas para facilitar esta tarefa e no final apresentarei uma entrevista com uma estudante que foi aceita em dez universidades de ponta e deu dicas importantes sobre como fazer a escolha.

Quando pensamos em escolha de escolas, o que nos vem imediatamente à mente são os *rankings*. Os *rankings* podem ser úteis como ferramenta inicial, mas o que está na cabeça daqueles que os organizaram pode ser bem diferente daquilo que está

COMO ESCOLHER A UNIVERSIDADE IDEAL PARA VOCÊ

na sua cabeça. Por exemplo, pode ser que você queira estudar em uma escola cujas classes tenham pouco alunos, ou que você se sinta melhor estudando em escolas cujas classes tenham até 300 alunos. Talvez você queira ir para uma escola menor de *Liberal Arts* em vez de ir para uma dessas universidades enormes. Você pode querer morar em uma cidade grande para curtir toda aquela agitação, ou talvez você prefira uma cidade pequena. Você pode preferir ficar na costa leste, costa oeste ou no meio-oeste. Você gosta de frio, ou talvez prefira uma cidade onde o clima seja ameno. Além disso, é importante saber quais *majors* são oferecidos pela escola. Se você já sabe o que deseja cursar, que tal verificar se a escola que você deseja é forte nessa área? Que esportes você gostaria de praticar? Essas características podem fazer uma grande diferença nos seus quatro anos de universidade. Talvez você não encontre uma escola que atenda todas as características desejadas, mas se for possível atender pelo menos algumas delas, ou as principais, valerá o esforço. Assim, quando você fizer a lista das suas escolas, na verdade você estará construindo o seu *ranking* customizado.

Dentro dessa linha, as escolas americanas oferecem o chamado *College Tour*,[1] uma visita dirigida que é marcada com antecedência e que possibilita explorar o *campus*, conhecer as áreas de interesse, conversar com estudantes e, enfim, participar *in loco* do dia a dia da escola. Em alguns casos, você pode até assistir uma aula. Você estará acompanhado de outros interessados e de alguém da universidade que dirigirá a visita; no entanto, uma visita dessas envolve um custo considerável.

Assisti palestras em que estudantes declararam ter mudado a escolha da universidade para onde decidiram ir após o *College*

---

1 Visita às dependências da faculdade.

Tour. Além disso, se houver estudantes brasileiros na universidade, e em geral há, você pode aproveitar sua visita para conversar com eles. A visão de um brasileiro é importante, principalmente em relação às características dos alunos, clima, calendário escolar e o que mais possa interessar.

Você pode fazer essas visitas antes de enviar as *applications* ou depois de receber as respostas. O fato de os EUA serem um país muito grande faz com que a logística seja complicada e se torne difícil visitar todas as escolas para as quais você deseja aplicar. Além disso, essas visitas não são baratas. Uma alternativa é fazer a visita depois de obter os resultados. Mesmo assim, você provavelmente visitará apenas aquelas escolas que o interessam mais, dentre todas as que o aceitaram.

Veja o depoimento de uma aluna do *College of William and Mary, Class of 2016*, obtido no site Collegedata:

> You can't get a feel for a college until you're walking around the campus when school is in session. Visiting before you apply is great, but visiting after you've been accepted is even better. Then you're looking at the school and the students in a whole different way: it's not just "Could I see myself applying here?" it's "Could I see myself thriving here for the next four years? [1]

As visitas poderão contribuir bastante para sua escolha, principalmente depois da aceitação.

---

1 "Você não consegue ter a ideia de uma faculdade até que esteja caminhando pelo seu *campus* durante o período de aulas. Fazer esta visita antes de se candidatar é bom, mas visitar depois que você foi aceito é ainda melhor. Você verá a faculdade e os alunos de uma maneira completamente diferente; você não irá se perguntar somente "Posso me ver como candidato aqui?". Será "Posso me ver aqui me desenvolvendo com sucesso pelos próximos quatro anos?"

No entanto, antes de ser aceito, você precisará fazer a sua lista de universidades, e os pontos a seguir poderão ajudá-lo nesta tarefa. Eles são uma reprodução, com pequenas adaptações, de um e-mail que recebi da *DaquiPrafora,* com dicas preciosas sobre como preparar sua lista.

ÁREAS DE ESTUDO

O fator mais importante na busca de uma universidade é encontrar o curso que você pretende estudar. Uma universidade que foca em *Liberal Arts*, por exemplo, provavelmente não terá um programa de Engenharia, assim como uma instituição técnica provavelmente não será uma boa opção para um curso de Literatura. Procure nas seguintes seções dos sites: *Academics / Majors / Programs*

Localização: Centro da cidade ou Subúrbio? Interior do estado? Qual região dos EUA escolher?

Você também deve levar em conta a localização da universidade. Você prefere uma cidade grande ou pequena? Você se importa com o frio e neve ou prefere sol e calor? Talvez você queira os dois. Procure por *GOOGLE virtual tour* + escreva o nome da universidade.

Atividades Extracurriculares e Organizações

O que você faz fora da sala de aula é tão importante quanto o que você faz dentro dela. A maioria das universidades possui centenas de clubes e organizações — desde esportes, jornais acadêmicos, dança e até *quadribol* (Harry Potter)! Também é importante decidir se você quer uma instituição que possua uma *"Greek life"* (fraternidades e irmandades) ativa. Sugerimos que você procure com o que gostaria de se envolver. Busque: *Campus Life or Student life/Student Involvement*.

Programas de Pesquisa e Trabalho

Outra forma de se envolver com as atividades acadêmicas e até ganhar algum dinheiro com isso é participar de programas de pesquisa ou trabalho. Muitos professores oferecem aos alunos oportunidades como assistentes remunerados. As universidades também ajudam os alunos a conseguirem empregos de meio período no *campus* por intermédio do programa de trabalho. Procure por: *Main Website ->* aba *research* no topo.

Tamanho das Turmas

O fato de uma universidade ser pequena não garante que suas salas de aula também serão. O mesmo se aplica a instituições grandes e turmas grandes. É importante pesquisar estatísticas que revelem quais universidades possuem aulas com mais ou menos alunos. Procure dados que mostrem a porcentagem de aulas com até 20 alunos ou mais de 50, e também a relação entre o número de alunos e professores. Busque: *Main page ->* aba *about -> facts/by the numbers*.

Algumas palavras-chave podem ajudar a encontrar informações nos sites das universidades com mais facilidade. Seguem alguns exemplos:

Cursos

Degrees; Majors e Minors; Programs; Academics; Field of Study; Concentrations; Undergraduate Admissions.

Critérios de admissão e os requisitos

Prospective Students; Prospective Freshmen; Future Students; International Students; Undergraduate Admissions; Admission Requirements; Apply; Application; First-Year Students.

Custo e bolsas

Prospective Students; Future Students; Tuition; Fees; Cost of Attendance; Afford; Financial Aid; Student Aid.

Visita / *tour* pela universidade

Visit; Schedule a Tour; Campus Tour; Information Session

Moradia e vida na universidade

Student Life; Campus Life; Housing; Residential Life; Student Affairs; College Life; Meal Plan; Dining.

A seguir, algumas dicas sobre *sites* com informações úteis para pesquisas gerais:

Unigo.com

Fácil de navegar; grande quantidade de informações; comentários de estudantes; conselhos de especialistas sobre o processo de admissão; ferramenta que mostra sua probabilidade de ser aceito (apenas uma estimativa, não garante admissão); banco de dados com artigos sobre a universidade certa para você, sobre o processo de admissão e sobre como ser bem sucedido na universidade; bate-papo ao vivo (pago) com estudantes das universidades por USD$30/hora.

Youniversitytv.com

Ótimo site para ver vídeos de universidades. Os vídeos são curtos e dão uma boa ideia do tamanho, reputação e demografia da população estudantil. Também há passeios virtuais e painéis de bate-papo por meio dos quais você pode conversar com os estudantes.

Youvisit.com

Oferece passeios virtuais detalhados de muitas universidades.

Collegeclicktv.com

Oferece vídeos feitos por estudantes e professores; informações e estatísticas de várias universidades; ferramentas simples e de fácil utilização para comparação entre universidades.

Ecampustours.com

Artigos úteis para os alunos e pais sobre o processo de admissão e sobre planejamento para a vida no campus, incluindo orçamentos, atividades extracurriculares, saúde, segurança e carreiras.

Collegemajors101.com

Banco de dados completo com nomes de empresas em várias áreas de estudo; associações de estudantes; nomes de universidades com bons programas em diversas áreas.

Collegeprowler.com

Site que organiza grande quantidade de comentários e *rankings*. Você escolhe um curso e o site fornece informações sobre sua escolha; classificação das universidades com base em pesquisas feitas com estudantes.

Faça uma visita a esses sites e veja o volume de informações disponíveis sobre as mais variadas escolas. Ou use as palavras-chave para pesquisas gerais, se houve alterações no conteúdo dos sites, após a publicação deste livro.

ENTREVISTA COM GIULIANA NICOLUCCI ALTMAN

A entrevista a seguir foi-me gentilmente concedida por Giuliana Nicolucci Altman, nascida e educada nos EUA, filha de mãe brasileira e pai uruguaio. Aluna brilhante, Giuliana cursou 11 anos do ensino fundamental americano em uma escola Montessori de Chicago. Ao terminar o último ano do ensino fundamental, Giuliana foi aceita em uma seletiva escola pública de Chicago, tendo obtido um *score* perfeito de 900, o *score* máximo, no processo de admissão. No fim do segundo ano do *High school*, recebeu uma bolsa de estudos para estudar na França por 11 meses. Lá, ela terminou o *junior year*, que corresponde ao 2º ano do ensino médio no Brasil, e voltou para Chicago para terminar o *senior year*, que corresponde ao 3º ano do ensino médio no Brasil. Em junho de 2017, Giuliana recebeu do Departamento de Educação dos Estados Unidos, em conjunto com o CPS (*Chicago Public System*), o *Seal of Literacy* pela fluência nas línguas francesa, portuguesa e espanhola. Praticante de violão clássico desde os cinco anos de idade, ela luta judô, capoeira e já defendeu sua escola em competições de *poetry slam* (uma competição de poesia em que os poetas leem ou recitam seus trabalhos originais). No ano de 2017, Giuliana aplicou para dez escolas entre as mais competitivas do mundo, e foi aceita em todas: Amherst, Brown, Dartmouth, Georgetown, Harvard, Johns Hopkins, McGill, Michigan Ann Arbor, Northwestern e Vassar. Ela optou pelo curso de Estudos Internacionais na Johns Hopkins, onde ela também passou a estudar árabe.

As informações que ela passa na entrevista a seguir são valiosas tanto para a preparação da lista de escolas para as quais você irá se candidatar quanto para a difícil decisão de qual escola escolher no final do processo.

Como você escolheu as escolas da sua lista?

Escolhi minhas escolas baseada em localização, tamanho, ajuda financeira, e programas disponíveis. Eu queria ficar na costa leste porque não é muito longe da minha cidade e família, mas ao mesmo tempo eu poderia viver em uma diferente região dos Estados Unidos, conectada a grandes cidades como Boston, Nova York, Washington, D.C., etc. Eu também queria ir para uma escola de tamanho médio com mais de cinco mil estudantes, mas com menos de 20 mil. Desta forma, ela teria diversidade estudantil sem ser muito populosa. Eu precisava ir para uma escola que atendesse 100% da necessidade financeira do candidato, ou seja, que olhasse para a situação financeira do aluno e oferecesse os recursos que ele necessitasse. Finalmente, a flexibilidade de escolha era fundamental para mim e, por isso, eu apliquei somente para escolas que possuíam um curriculum aberto, com poucas disciplinas obrigatórias, nas quais eu pudesse estudar o que eu quisesse antes de decidir qual curso exatamente eu faria.

Onde você buscou informações sobre as escolas?

Eu obtive a maior parte das informações sobre as escolas fazendo pesquisas on-line, sem usar necessariamente o site oficial das escolas, pois todas se mostram muito interessantes e se apresentam de forma muito parecida umas com as outras. Eu olhava avaliações feitas de modo independente por websites, sites de notícias, vídeos gravados por estudantes, etc. Eu também consultava os *American College Guidebooks*, que avaliam centenas de escolas. Finalmente, eu contatava atuais estudantes via Facebook ou outras mídias sociais para conhecer suas experiências e ver se eu me imaginava estudando naquelas escolas.

Como você acha que um aluno que seja *undecided* deve fazer sua lista de escolas?

Vá reduzindo o número de escolas levando em conta aquilo que for importante para você. É fazer parte do curso fora dos EUA? É fazer um programa forte em ciências ou em arte? É a localização? Se isso não ajudar, visitar o *campus* pode ser muito informativo. Como eu sei que isso nem sempre é fácil pela distância do Brasil, conversar com atuais estudantes é outra maneira de se informar. Se você encontrar algum aluno com quem se relacionar, que possa dar uma boa ideia da escola, então siga seu instinto. Normalmente é um sentimento instintivo que faz um aluno *undecided* escolher sua escola. Lógico que tudo isso deve ser feito considerando custo/ajuda financeira, porque as escolas americanas são notoriamente muito caras.

Qual o peso que os *rankings* de universidades tiveram em sua escolha?

Meio a meio. Eu considerei os *rankings* até um certo ponto. Minha decisão final não foi baseada no *ranking*, mas no programa oferecido, que me fez escolher a Johns Hopkins.

Você visitou as escolas antes de fazer sua lista? E depois de receber as respostas? Esta visita foi importante?

Sim! Eu visitei muitas escolas por meio de diversos programas *fly-in*, que são aqueles em que as escolas pagam todas as suas despesas da visita, antes mesmo da aceitação (algumas escolas fazem isso quando querem atrair um estudante que lhes interessa muito). Essas visitas foram ótimas, pois eu podia me ver no *campi* das escolas. Eu só visitei a Johns Hopkins depois de ser aceita porque no papel ela era a escola perfeita para mim, então eu só quis ver se era isso mesmo e ter a certeza de que eu poderia me enxergar estudando lá. Eu estava procurando aquele sentimento instintivo que me diria que eu seria feliz lá, e foi isso que aconteceu.

Como você escolheu ir para a Johns Hopkins?

Eu me decidi pela Johns Hopkins devido ao seu excelente programa de Estudos Internacionais e pelo programa que me permitirá estudar dois anos em Paris e receber o grau de mestrado (além da graduação) no final de cinco anos. Eu também estava muito feliz com o tamanho, localização, campus, basicamente tudo o mais que eu desejava. E, é lógico, com a ajuda financeira que eles me ofereceram, que foi muito, muito generosa, tornando minha ida para lá possível.

Qual fator foi o mais importante nessa escolha?

O nível acadêmico e a ajuda financeira foram os pontos mais importantes. Uma boa escola e sem nenhum custo? Nada poderia ser melhor.

Foi difícil a decisão de recusar escolas como Harvard, Brown e Dartmouth?

Foi surpreendentemente fácil. Nenhuma dessas escolas oferecia o programa de estudos fora dos EUA que eu queria e elas também exigiam o cumprimento de um *core curriculum* (disciplinas obrigatórias). Eu nunca quis cursar disciplinas de matemática ou ciências novamente, e portanto essas escolas não me interessavam. Quando a Johns Hopkins me ofereceu dinheiro mais o programa que eu queria, foi fácil decidir.

CONCLUSÃO DO AUTOR

Há muita desinformação no Brasil em relação às escolas americanas. Algumas universidades espetaculares são completamente desconhecidas pelos brasileiros, e em muitas dessas escolas você poderá passar quatro anos maravilhosos e obter uma excelente formação. Mantenha a mente aberta na hora de fazer sua lista. Ir para determinada escola somente porque um amigo vai para lá ou porque alguém disse que isso é melhor para você pode não ser uma boa ideia.

Em geral, os *rankings* pesam na decisão. É normal você querer estudar em uma escola conhecida e de boa reputação. Porém, basear sua escolha somente nisso pode não ser a melhor decisão. Os cursos nos EUA são muito puxados. Enfrentar tudo isso em uma escola com a qual você não se identifica é difícil. Portanto, tente ser cuidadoso na preparação da sua lista. Creio que a entrevista da Giuliana mostrou muito bem esse ponto.

Uma maneira informal de calcular suas chances de ser aceito em uma universidade é digitar o nome da escola e os dizeres *"prepscholar admission requirements"*, no Google. Você receberá uma série de informações importantes sobre o processo de *application* da escola indicada e, mais interessante, verá uma calculadora que solicitará seu *score* no SAT/ACT e sua média escolar (GPA). Preenchidos esses dados, o sistema fará uma estimativa das suas chances de ser aceito naquela escola, de acordo com as suas qualificações. A resposta deve ser vista com muita reserva, pois não há absolutamente nenhuma garantia de que o previsto ocorrerá na vida real. Mas é interessante.

CAPÍTULO 11

COMO APLICAR

"Eu ouvi dizer que agora o vício em internet se tornou oficialmente uma doença mental e que você pode ir para uma clínica de reabilitação para se tratar. Eu só vou se tiver wi-fi."

AUTOR DESCONHECIDO

Sua geração não imagina a facilidade criada pela internet no processo de *application*. Há pouco tempo, todo o trabalho de candidatura era feito em papel. Era preciso pedir os formulários às universidades, preenchê-los à mão ou na máquina de escrever, anexar todos os documentos necessários e enviar tudo de volta às escolas. Se você não sabe o que é uma máquina de escrever, basta pesquisar. Li em algum lugar que alguns jovens, ao verem a demonstração de uma máquina de escrever, disseram, "Olha que legal, você vai digitando e a impressão vai saindo ao mesmo tempo". Além disso, não havia a tecla *backspace*. Imagine o que era preparar diversas *applications* nessas condições.

Hoje em dia, tudo isso é parte da história. Todos os processos de *application* são feitos via internet. Isso fez com que o número de *applications* enviadas para uma mesma escola aumentasse, além de possibilitar que o mesmo estudante aplique para muitas escolas.

COMO APLICAR

As dez universidades abaixo são as que receberam o maior número de *applications* nos EUA para o ano letivo iniciado em agosto de 2016, de acordo com a *U.S. News & World Report:* [1]

Escola	Nº de *applications*
University of California Los Angeles - UCLA	92.728
University of California - Berkeley	78.924
University of California - San Diego	78.056
University of California - Irvine	71.768
University of California - Santa Barbara	70.444
University of California - Davis	64.510
San Diego State University - SDSU	58.970
California State University – Long Beach-CSULB	56.975
New York University	56.092
Boston University	54.781

Além da maior facilidade no processo de *application*, a disputa por vagas em escolas competitivas nos EUA aumenta a cada ano, fazendo com que os alunos se candidatem a um número maior de escolas. Há alunos que se candidatam a 30 ou 40 escolas. O *Common Application*, sobre o qual falaremos daqui a pouco, contribuiu para isso, mas nem sempre é fácil achar o fio da meada desta situação. Os alunos se sentem inseguros e aplicam para mais escolas. As escolas têm um número fixo de vagas e, consequentemente, aceitam um percentual cada vez menor de alunos, uma vez que o número de candidatos aumenta, mas

---

1 A tabela da USN&WR deve ser vista somente como uma referência. Números atualizados, obtidos nos sites das universidades, indicam posição diferente entre algumas escolas: UCLA (97.115); San Diego (84.222); Berkeley (82.571); Irvine (77.817); Santa Barbara (77.114); Davis (68.557); SDSU (59.953); CSULB (58.106); BU (57.433). San Diego, portanto, ultrapassou Berkeley em número de *applications*.

o número de vagas não. Isso cria ainda mais pânico entre os futuros candidatos, que aumentam o número de escolas para as quais se candidatam. Onde essa espiral vai parar, não se sabe.

É dentro deste contexto que você deverá decidir para quantas escolas aplicar.

Um dos passos mais importantes é ser realista. As informações apresentadas nos capítulos anteriores devem ajudar na escolha das escolas. Priorize aquelas nas quais você será considerado um candidato competitivo.

Não é barato enviar uma *application;* em geral, você gastará US$ 70 por escola, mas algumas chegam a cobrar US$ 90, debitados no cartão de crédito. Portanto, dez escolas custarão US$ 700,00. Isso só para enviar as *applications*! Há mais despesas, como encaminhamento de documentos, cartório, etc.

Tempo é outra variável igualmente importante. Em geral, cada universidade exige mais de um *essay,* além de respostas a questões específicas. Para fazer uma boa *application* você precisará de tempo, e lembre-se de que você estará terminando o terceiro ano do ensino médio, com a necessidade de manter boas notas, e talvez planejando prestar o vestibular no Brasil. Enfim, você terá muitos compromissos.

Um outro ponto a ser considerado dependerá das escolas desejadas. Se você for um candidato competitivo, a chance de ser aceito em diversas escolas será boa, não havendo motivo para aplicar para um grande número de universidades. No entanto, se você focar em escolas muito competitivas, o risco de não ser aceito aumenta, mesmo para estudantes bem qualificados. Neste caso, talvez seja interessante ampliar o número de escolas.

Uma sugestão na elaboração da lista seria classificar as escolas em relação ao grau de dificuldade de aceitação. Por exemplo, você poderia fazer uma lista dividindo as escolas da seguinte forma:

COMO APLICAR

- Competitivas;
- Alvo; e
- Seguras

As competitivas seriam aquelas nas quais suas chances de aceitação estariam entre 5% e 15%. Nas alvo, suas chances estariam entre 30% a 60%. E nas seguras, você teria chances entre 70% a 85%, por exemplo.

Você tem seu GPA, seus *scores* no SAT/ACT, no SAT *Subject* e no TOEFL/IELTS, suas cartas de recomendação, as atividades extracurriculares e os *essays*. Você também tem as informações de cada escola, com os *percentiles*, as médias dos testes dos alunos admitidos, os GPA médios e todos os itens que já foram apresentados aqui. Agora é hora de casar o que você tem com o que é exigido pelas escolas. Neste momento, uma ajuda especializada ajuda muito. Uma visão de fora e experiente pode fazer uma grande diferença na construção de sua lista. Um profissional honesto dirá se você tem chances ou não em determinada escola.

O que é uma lista bem feita? É aquela que possui escolas nas quais suas chances de aceitação sejam reais, mesmo que esta probabilidade seja menor entre as competitivas. Estudar em Harvard é um sonho para muitos estudantes, mas incluí-la na sua lista quando as exigências daquela escola não têm nada em comum com os resultados dos seus testes e notas será uma perda de dinheiro e de tempo. Um profissional da área de *application* honesto e experiente lhe dirá isso.

Preparada a lista de escolas, como vimos no capítulo anterior, estará na hora de aplicar. Vamos ver como fazer isso.

COMMON APPLICATION

O *Common Application*, popularmente chamado de *Common App*, é um sistema *on-line*, sem fins lucrativos, por meio do qual você pode enviar *applications* para mais de 600 escolas, incluindo muitas das mais competitivas.

A principal vantagem do *Common App* é que grande parte de seu conteúdo é comum; assim, itens como suas informações pessoais, notas escolares, resultados dos testes, cartas de recomendação, um *essay* geral e as atividades extracurriculares deverão ser preenchidos somente uma vez e servirão para todas as universidades às quais você se candidatará. É uma tremenda economia de tempo.

A utilização do sistema é gratuita, mas você deverá pagar as taxas de *application* de cada universidade escolhida no momento do envio. Algumas escolas aceitam candidaturas somente via *Common App*. Outras, permitem que o candidato escolha entre o *Common App*, algum outro sistema ou o próprio *site* da escola. É importante que você verifique as possíveis formas de envio das *applications* no *site* das escolas desejadas.

Minha sugestão é que você entre na *Common App*, cujo endereço é http://www.commonapp.org/, e crie uma conta. Desta forma, você irá se familiarizando com o sistema, de fácil navegação.

Basicamente, o sistema possui dois conjuntos de informações: um geral, que servirá para todas as escolas, e outro específico, de cada escola selecionada. Assim, ao entrar no *Common App*, você preencherá uma série de informações gerais, tais como nome, endereço, nome dos pais, escolas frequentadas, notas, testes realizados, atividades extracurriculares, etc. Isso será feito uma única vez e, após concluir esta etapa, você poderá escolher as universidades para as quais deseja se candidatar. Suponha que você queira aplicar para o *California College of Arts*. Ao escolher essa escola, ela passará a fazer parte da sua

COMO APLICAR

relação e você terá acesso ao material adicional exigido por aquela faculdade. Acredite ou não, muitos alunos deixam de preencher os requisitos específicos por desconhecer sua existência. É muito importante que você veja qual o material adicional exigido pelas escolas selecionadas.

Uma importante parte do *Common App* é a redação. Por fazer parte das informações gerais, sua redação será lida por todas as escolas que você selecionar. Portanto, ela é importantíssima. Atualmente, você pode escolher entre sete temas. É importante que você veja quais são os temas disponíveis, pois eles podem mudar a cada ano.

Esta redação deve ser feita com muita antecedência, pois precisa ser de arrasar. Ela, como todos os itens da *Common App*, pode ser modificada quantas vezes você quiser antes do envio da *application*.

Além desse *essay*, haverá outros, que serão solicitados nas áreas específicas das universidades escolhidas. Eles poderão ser temas únicos, ou a escolher, dependendo da escola, ou poderão ser simplesmente perguntas, em vez de uma redação. Esses *essays* exigirão igual cuidado e dedicação. Portanto, comece a prepará-los assim que eles forem disponibilizados pelas escolas no próprio *Common App*.

Há partes do *Common App* que serão preenchidas pelas pessoas que lhe forneceram as cartas de recomendação, e você não terá acesso a esta área, pois as cartas de recomendação são consideradas pessoais e sigilosas pelos americanos. É importante, portanto, verificar se essas pessoas têm familiaridade com o sistema. Você deve buscar ajuda para saber como esta parte funciona para orientá-los, se for o caso.

Minha sugestão é que você crie um *login* no *Common Application* e comece a explorá-lo o mais cedo possível. Assim, você terá tempo para pesquisar, *on-line* ou com algum especialista, a solução para eventuais dúvidas em sua utilização. O sistema é bastante amigável, mas há pontos que podem causar dúvidas. Você provavelmente enviará o maior número de *applications* via *Common App*; portanto, vale a pena conhecer bem seu funcionamento.

COALITION FOR ACCESS, AFFORDABILITY, AND SUCCESS

Este sistema para *application* entrou em funcionamento em 2016. Trata-se de uma alternativa ao *Common App*, mas há escolas que participam dos dois sistemas. Informações do próprio *site* do *Coalition* dão conta que 49 escolas aceitaram candidaturas nesta nova plataforma no *Fall*[1] 2016, e que o sistema possui pouco mais de 90[2] escolas associadas.

Há notícias de que algumas universidades aceitarão *applications* exclusivamente por meio deste novo sistema, a partir do *Fall* 2017. Verifique isso no site das escolas.

O *Coalition* permite que os estudantes comecem a construir sua *application* desde a entrada no *High School*. Eles criaram um *locker*, acessado apenas pelo aluno, onde é possível ir guardando *essays*, recomendações, material especial e o que mais ele julgar necessário para sua futura *application*.

Por se tratar de um sistema novo no momento em que escrevo, quis apenas informá-lo de sua existência; não tenho

---

1 As estações nos EUA são: *Fall* ou *Autumm* (outono), que vai de setembro a novembro, e que marca o início do ano letivo; *Winter* (inverno), que vai de dezembro a fevereiro; *Spring* (primavera), que vai de março a maio; e *Summer* (verão), que vai de junho a agosto, quando ocorrem as férias.

2 O número de escolas participantes no Comon App e no Coalition cresce ano a ano.

detalhes em relação ao seu funcionamento. Pode ser que algumas escolas que façam ou farão parte de sua lista o utilizem. Minha sugestão, portanto, é idêntica àquela fornecida em relação ao *Common App*: inscreva-se no sistema e comece a utilizá-lo para se familiarizar com seu funcionamento. Quanto mais cedo você começar, melhor.

UC – UNIVERSITY OF CALIFORNIA SYSTEM

A California possui um dos maiores e mais respeitados sistemas de ensino superior do mundo. São mais de cem *community colleges* (*CCCS — California Community Colleges System*), que oferecem formação de dois anos, mais de cem universidades privadas, incluindo as prestigiadas Stanford e Caltech, vinte e três universidades estaduais (*CSU — California State University System*) e nove universidades públicas que compõem as *UC — University of California System*.

Neste capítulo, apresentarei as *UC — University of California*, uma vez que a probabilidade de você ter pelo menos uma delas na sua lista é alta, e também pelo fato de elas possuírem um sistema próprio de *Application*.

Se, no entanto, você pretende aplicar para uma universidade do *CSU — California State University System*, consulte o *CSUMentor*, no endereço http://www.csumentor.edu/, sistema utilizado para essa finalidade.

As escolas que fazem parte do Sistema UC são dez, sendo uma delas de pós-graduação e nove de graduação; essas últimas são as que nos interessam. Vindo do norte para o sul do estado temos: Davis; Berkeley; Merced; Santa Cruz; Santa Bárbara; UCLA; Riverside; Irvine e San Diego. UCLA, Berkeley, Santa Barbara, San Diego e Irvine figuram entre as dez melhores escolas públicas dos EUA,[1] sendo que quatro delas estão entre as trinta melhores do mundo.[2] São, portanto, escolas altamente competitivas.

A tabela a seguir apresenta alguns dados sobre as 9 universidades, em ordem crescente de taxa de aceitação:

Escola	Candidatos	Aceitação	Ranking Top Public School	Resid. Califórnia
UCLA	102.232	16,1%	1ª	56,3%
Berkeley	85.054	17,2%	1ª	61,7%
Santa Barbara	81.828	32,8%	8ª	69,0%
San Diego	88.463	34,1%	9ª	61,3%
Irvine	85.097	36,6%	9ª	67,7%
Davis	70.968	43,6%	12ª	59,7%
Santa Cruz	52.974	51,4%	33ª	70,8%
Riverside	43.675	57,4%	58ª	88,2%
Merced	22.583	70,0%	87ª	94,3%

Fontes: UC System (dados do *Fall* 2017) e U.S. News & World Report (2018 Top Public School). Algumas escolas estão empatadas no Ranking Top Public School.

Apesar de o número total de *applications* superar 600 mil, muitos candidatos aplicam para mais de uma escola, o que explicarei daqui a pouco. De qualquer forma, a concorrência nessas escolas é grande, principalmente nas duas consideradas *flagships*[3] do sistema, UCLA e Berkeley, cujos índices de aceitação são inferiores a 18%.

---

1 2018 *U.S. News & World Report Top Public Schools.*
2 2018 *U.S. News Best Global Universities.*
3 As mais competitivas.

De acordo com os últimos dados disponíveis no College-data, na UCLA, 94% dos matriculados tiveram GPA superior a 3,75; em Berkeley, 85%; as outras escolas UC também são bastante competitivas. O GPA médio dos alunos aceitos em Irvine foi 3,97, com 87% dos matriculados tendo GPA igual ou acima 3,75. Ser aceito nessas escolas, portanto, não é fácil.

As escolas do Sistema UC são diversificadas em termos de localização, clima e áreas de estudo.Você pode obter informações sobre cada campus no endereço http://admission.universityofcalifornia.edu/campuses/index.html.

No endereço http://admission.universityofcalifornia.edu/campuses/visit-uc/index.html, você encontra informações sobre tours pelos nove *campi*. Minha sugestão é que você visite o site das escolas para conhecer suas particularidades, *majors* oferecidos e o que mais for de seu interesse.

Sendo um sistema de ensino de alta qualidade, é natural que as UC atraiam grande número de californianos, como mostra a última coluna da tabela. Recentemente tem havido um acalorado debate na Califórnia sobre a aceitação dos chamados *out of state*[1] nas UC. Discute-se o estabelecimento de um limite para aceitação de candidatos não residentes, particularmente em Berkeley e na UCLA. O índice de aceitação de internacionais nessas duas escolas costuma ser mais baixo do que nas outras.

A sugestão aqui é semelhante àquela referente às outras escolas. Se você deseja aplicar para algumas das UC, pesquise sobre cada uma delas e seja um candidato competitivo considerando as informações disponíveis sobre *scores*, GPA, etc. E lembre-se de que essas são escolas públicas e, portanto, informe-se com atenção sobre bolsas de estudo.

---

1 Como já explicado, não residentes no estado, o que inclui os americanos que não são da Califórnia e os internacionais.

Agora vamos falar sobre a *application* para essas escolas. Você não poderá aplicar via *Common App* ou via *Coalition*.

A única forma de se candidatar às UC é por meio de seu sistema próprio de *application*, o *UC Application*, que pode ser acessado no endereço https://universityofcalifornia.edu/apply. Ali você encontrará informações detalhadas sobre o processo.

As UC não exigem que você envie nenhum documento até o recebimento dos resultados. Assim, você preencherá os campos da *UC Application* com os dados constantes nos seus históricos e eles farão a análise da sua candidatura baseados nessas informações. Os documentos serão exigidos somente depois de sua aprovado, caso você se decida por uma dessas escolas. Por isso, tenha bastante cuidado no momento de preencher os dados nas telas do sistema para que eles reproduzam exatamente o que consta nos documentos oficiais.

Com uma única *application* você poderá se candidatar a quantas escolas do sistema desejar. No entanto, a taxa a ser paga por *application*, que é de US$ 80,00 para internacionais, será cobrado por escola aplicada.

Repito aqui as sugestões já tantas vezes feitas: se você tiver interesse nessas escolas, pesquise os *majors* oferecidos, os dados de GPA, testes, etc. Acesse o *UC System*, crie uma conta e comece a trabalhar na sua *application*. Não deixe para fazer isso em cima da hora. Em geral o sistema é disponibilizado a partir do primeiro dia de agosto, mas esta informação pode ser facilmente checada via pesquisa na internet.

OUTRAS UNIVERSIDADES

Se alguma escola de sua preferência não pertence a nenhum dos sistemas anteriores, você possivelmente conseguirá fazer sua *application* somente no *site* da instituição. Acesse o *site* e veja como funciona o envio das candidaturas, visitando a área reservada para este fim. Veja também se a escola possui alguma exigência diferente daquelas que você já está providenciando para as outras instituições. E, vale ressaltar mais uma vez, inicie esta pesquisa o mais cedo possível.

CONCLUSÃO

Verifique as formas de *application* oferecidas pelas escolas às quais você pretende se candidatar visitando seus *sites*. Se houver a possibilidade de utilizar o *Common App*, melhor. Desta forma, você poderá economizar tempo se houver mais de uma dessas escolas na sua relação, o que é muito provável. Além disso, se você se decidir por alguma nova escola que inicialmente não constava de sua lista, e ela fizer parte do *Common App*, você terá que preencher somente a parte específica da escola. O mesmo se aplica ao *Coalition*. Nas UC, se você preencheu para uma, preencheu para todas.

Faça tudo com antecedência e revise, revise e revise, antes de dar o OK para envio das *applications*. Veja se as informações pessoais estão corretas, se ao transferir as redações para o espaço apropriado não houve nenhuma perda ou desconfiguração do texto, se as notas preenchidas correspondem àquelas nos documentos oficiais e tudo o mais que foi preenchido.

O envio da *application* é o término de uma importante fase do seu processo de candidatura. Você não vai querer que informações incorretas ou incompletas sejam responsáveis pelo fracasso da sua candidatura.

CAPÍTULO 12

QUANDO APLICAR

"Sucesso é simples. Faça o que é certo, da maneira certa, na hora certa."

ARNOLD H. GLASOW

Qual o melhor momento para enviar sua *application* para as escolas? Você verá que o momento de envio é uma decisão estratégica que pode fazer a diferença em sua aceitação.

Todas as universidades estabelecem datas-limite para recebimento das *applications*, datas essas que são rigorosamente cumpridas. Portanto, preste muita atenção nas datas-limite de cada universidade, pois elas diferem de uma escola para outra. Esta informação está disponível na área de *application* das escolas.

No entanto, a mesma universidade pode oferecer dois tipos de *application*: *early* e *regular*.[1] Haverá diferentes datas-limite para envio da *application* se você for um candidato *early* ou *regular*. Todas as escolas oferecerão a opção *regular*, mas nem todas oferecerão a *early*. Esta informação, como sempre, deverá ser verificada no *site* das universidades escolhidas. Depois de conhecer como essas formas de *application* funcionam, você poderá decidir qual delas é a mais adequada para o seu caso.

---

1 Antecipada e Regular.

QUANDO APLICAR

Cada universidade nos Estados Unidos é como um castelo que possui regras próprias e particulares. Diferentemente das brasileiras, as escolas de lá têm grande liberdade para definir critérios de ensino e, principalmente, de admissão. Assim, você deve sempre verificar, escola por escola, quais são as formas oferecidas de *application*.

Você poderá ter três opções em relação à forma de se candidatar: uma ligada à *regular application* e duas associadas à *early application*. Vamos conhecê-las.

REGULAR

Esta opção, utilizada pela maioria dos estudantes, será oferecida por todas as universidades. Você pode enviar *applications* para quantas universidades desejar no sistema *regular*. Cada instituição tem sua data-limite para receber as *applications* neste sistema. Por exemplo, se você estivesse se candidatando para começar seu curso em agosto de 2016 (início do ano letivo americano), a data-limite para o envio da sua *application* para a *University of Michigan* seria o dia 1º de fevereiro de 2016. Para as universidades do sistema *UC-University of California*, seria 30 de novembro de 2015. Para a *University of Pennsylvania* seria dia 1º de janeiro de 2016, e assim por diante. Cada escola tem sua data. Para algumas escolas poderia ser outubro de 2015.

Os resultados, sendo você aceito ou não, chegam por e-mail ou carta até maio. Depois de receber todos os seus resultados você optará por uma das escolas (será sua *regular decision*). Esta opção é oficializada por meio do pagamento de uma taxa de matrícula (*matriculation fee*), variável para cada escola, mas dificilmente superior a US$ 100,00. A única data padrão, que vale para todas as escolas, é a data-limite para pagamento da taxa de matrícula: 1º de maio. Diferentemente do Brasil, você terá até dia 1º de maio para decidir em qual escola se matriculará e pagará somente a *matriculation fee* daquela escola. Uma vez efetuado o pagamento dessa taxa, você estará oficialmente matriculado na escola e passará a ser tratado como um de seus estudantes. A escola o parabenizará pela escolha e passará a informá-lo sobre todos os eventos e providências futuras. Quando você aplica como *regular* a decisão da escola pode ser uma das três abaixo:

Aceito (*accepted*): você foi aceito, tem esta escola garantida entre suas opções e terá até 1º de maio para decidir se irá se matricular ou não.

Rejeitado (*denied*): tire esta escola dos seus planos, você não foi aceito.

Lista de espera (*waitlisted*): neste caso, você não foi aceito, mas também não foi rejeitado. A universidade não tem uma vaga para você agora, mas poderá ter mais à frente, depois de 1º de maio. Você terá que avisar a universidade se deseja permanecer na lista de espera ou não. Há sempre instruções no site para fazer isso, inclusive com indicação da data-limite. Caso você não se manifeste, seu nome será excluído da lista. Quando pode ser interessante sair da lista? Suponha que você já tenha sido aceito em uma escola mais desejada do que aquela que o colocou na lista de espera. Neste caso, você não deseja ficar na lista, pois mesmo que seja aceito mais tarde pela universidade, você já tem a outra mais desejada garantida. No entanto, caso haja interesse em ficar na lista, você fará a opção e terá que esperar o resultado. Como isto funciona? Depois de 1º de maio, a escola saberá quantos dos alunos aceitos se matricularam. As vagas que não foram preenchidas serão oferecidas para os candidatos da lista de espera. Haverá, portanto, uma nova seleção, agora só levando em conta os *waitlisted*. O resultado pode vir logo ou não. Às vezes, pode demorar até agosto, quando as aulas começarão. Depois de receber essas informações, você pode estar pensando que deverá confirmar sua matrícula até 1º de maio em alguma das escolas que o aceitou, mas pode ser que aquela na qual você foi *waitlisted* seja mais desejada do que aquela na qual você se matriculará. Nesse caso, confirme a matrícula até 1º de maio na sua preferida entre aquelas que já o aceitaram, e aguarde. Se a escola que colocou seu nome na lista de espera resolver chamá-lo depois de 1º de maio e você ainda estiver interessado nela, basta informar a sua desistência para a escola em que você se matriculou (você perderá a taxa de matrícula) e se matricular na nova.

EARLY

Neste caso, como o próprio nome indica, você enviará sua *application* antes da data *regular*. A *early application* se subdivide em dois casos e é importante entender a diferença entre eles: *early decision* e *early action*.

EARLY DECISION

Esta modalidade de *application* deve ser utilizada somente se você tiver absoluta certeza de que aquela universidade é sua preferida. Isso porque a *early decision* é uma opção chamada

EMILIO COSTA

binding (que impõe uma obrigatoriedade). E qual é essa obrigatoriedade? A de que, uma vez aceito por aquela universidade, você desistirá de todas as outras; você deverá comunicar todas as outras escolas que está desistindo de sua candidatura e se matricular naquela que o aceitou na *early decision*.

Algumas escolas possuem duas datas-limite para envio da *early decision application*: ED-I, geralmente em novembro, e ED-II, geralmente em dezembro. As duas são *binding* e a ED-II é utilizada por alunos que desejam se candidatar usando esta modalidade, mas ainda não estão com a *application* pronta em novembro. A resposta da universidade nesses casos vem antes daquela dos candidatos que utilizaram a *regular application*. Em geral, você terá a resposta em meados de dezembro.

Como a *early decision* é *binding*, você só pode utilizar esta modalidade para uma escola dentre aquelas que você selecionou.

Assim, suponha que você tenha selecionado oito escolas para as quais pretende se candidatar, mas uma delas é realmente a cereja do seu bolo, a sua preferida. Você então se candidata àquela, e somente àquela, usando a modalidade *early decision* e, para as outras sete, se candidata como *regular*. Antes de receber a resposta como *regular* das sete universidades, aquela à qual você se candidatou *early decision* o informa que você foi aceito. Além da alegria por ter sido aceito na sua escola preferida, a próxima providência será comunicar todas as outras sete escolas que você está desistindo de sua candidatura.

EARLY ACTION

Neste caso, você também se candidatará antes da data para *regular*, mas com uma diferença em relação à *early decision*; a *early action* não é *binding*, ou seja, você não terá que desistir das outras candidaturas, caso seja aceito. Portanto, você poderá se candidatar para quantas escolas quiser usando esta modalidade, e as resposta também virão em dezembro. Aqui vai um alerta: algumas poucas escolas consideram a *early action* como *binding*. *Portanto*, verifique isso no site da escola.

Quando você aplica como *early* (*decision* ou *action*), o resultado será um dos três abaixo:

Aceito (*accepted*): neste caso, ótimo. Você foi aceito pela escola mais desejada (*decision*) ou por uma das pretendidas da sua lista (*action*).

Rejeitado (*denied*): neste caso, você não foi aceito e não pode nem mesmo tentar se candidatar como *regular*. Portanto, esqueça esta escola.

Deferido (*deferred*): neste caso, você não foi aceito, mas também não foi rejeitado. A universidade gostou de você, mas ela quer compará-lo com os candidatos que se candidatarão como *regular*. Então, sua *application* será analisada novamente junto com os candidatos *regular* e você poderá ou não ser aceito; você saberá o resultado somente com os candidatos *regular*.

Vamos ver agora quais são as vantagens e desvantagens de uma *early application* (*early decision* ou *early action*).

EMILIO COSTA

VANTAGENS DE UMA *EARLY APPLICATION*.

1. MAIORES TAXAS DE ACEITAÇÃO

Quando você envia sua *application* na modalidade *early*, a quantidade de candidatos é menor do que os da modalidade *regular*. Em geral, eles são altamente qualificados, mas haverá um número menor de concorrentes. Em muitas universidades, o percentual de alunos aceitos *early* é significativamente maior do que aqueles aceitos *regular*.

Veja os exemplos a seguir, referentes a candidatos de 2016 (chamados Turma de 2020, o ano em que provavelmente se formarão), obtidos no site *Toptier Admissions* (exceto um dado de Georgetown, que foi obtido no próprio site daquela universidade):

Escola	Nº total Candidatos	Total aceitos	% total aceitos	Candidatos early	Early aceitos	% early aceitos
Columbia	36.292	2.193	6,0	3.520	620	28,3
Duke	32.055	3.314	10,3	3.455	813	24,5
Georgetown	20.002	3.276	16,3	7.027	892	27,2
Harvard	39.041	2.037	5,2	6.173	918	45,1
Johns Hopkins	27.095	3.122	11,5	1.907	583	18,7
MIT	19.020	1.485	7,8	7.767	656	44,2
Princeton	29.303	1.894	6,4	4.229	785	41,4
Stanford	43.997	2.063	4,7	7.822	745	36,1
Virginia	32.426	9.358	28,8	16.768	5.203	55,6
Williams	6.982	1.206	17,2	585	246	20,4

Olhe o caso da Universidade de Harvard: ela recebeu 39.041 candidatos; desses, apenas 6.173 (15,8% do total) se candidataram *early*, mas quase metade dos aceitos, 45,1% (918/2.037), foi selecionado do grupo *early*. Este fenômeno se repete nas outras escolas. Quando as candidaturas *regular* chegaram, boa parte das vagas já haviam sido ocupadas pelos candidatos *early*.

2.RECEBIMENTO DA RESPOSTA MAIS CEDO

Como vimos, as *early applications* recebem seus resultados mais cedo, em meados de dezembro. Dependendo do resultado, aceito, rejeitado ou deferido, você terá melhores condições para tomar suas próximas decisões. De repente, você foi aceito em uma *early action* (não *binding*) e pode decidir não aplicar *regular* para outras escolas. Ou então, você pode ser rejeitado e se concentrar nas suas candidaturas *regular*. Você também pode escrever uma carta para a universidade para reforçar sua candidatura, caso tenha sido *deferred*, pois pode ser que entre o envio da *early application* e o recebimento do resultado (*deferred*) você tenha feito alguma conquista importante, como ganhar uma competição acadêmica, e queira comunicar isso à escola. Certamente essa informação será levada em consideração quando sua *application* for reavaliada junto com as *regular*. Por fim, ter seu resultado em dezembro, em vez de esperar até março, diminuirá muito seu *stress*.

3 . DEMONSTRAÇÃO DE INTERESSE

Quando você aplica *early*, a universidade sabe que ela é especial para você, principalmente se for uma opção *binding*. As

universidades gostam disso. Elas querem alunos que as conhecem, que querem fazer parte de sua comunidade. Aplicando
early, você estará demonstrando exatamente isso.

DESVANTAGENS DE UMA *EARLY APPLICATION*

1.*APPLICATION* DEVE ESTAR PRONTA MAIS CEDO

A *early application* exige que tudo esteja pronto mais cedo do
que em uma *regular application*. Você já viu que uma boa *application* requer muito cuidado e é trabalhosa. Este ponto deve ser
levado em consideração.

2. TESTES DEVEM ESTAR DISPONÍVEIS

Quando você enviar sua *early application* em novembro, os testes SAT ou ACT, SAT Subject, TOEFL ou IELTS já deverão ter sido
todos feitos e as notas que você obteve serão utilizadas pelo
comitê de admissão. Além disso, suas últimas notas do terceiro ano do ensino médio provavelmente não estarão fecha-
das e, portanto, não serão consideradas. Assim, se você tem
planos de fazer algum teste em dezembro para melhorar seu
score ou espera melhores notas na escola, estas informações
não serão utilizadas.

3. VOCÊ DEVERÁ TER UMA ESCOLHA CLARA DE ESCOLA

Na utilização da *early decision*, por exemplo, você deverá ter uma clara preferência pela escola, pois deverá desistir de todas as outras candidaturas caso seja aceito. Esta nem sempre é uma decisão fácil.

CONCLUSÃO

Toda boa *application* exige dedicação e disciplina. A *early* exige tudo isso em um tempo mais curto. Provavelmente você estará enfrentando suas provas finais no colégio, e suas notas serão de grande importância. As universidades podem, inclusive, aprová-lo condicionalmente: elas o aceitam, mas querem ver as últimas notas, depois do fechamento do ano. Além disso, as notas dos seus testes deverão estar dentro do que é considerado competitivo para aquela escola. Por fim, você deverá ter uma ideia bem clara de qual é sua universidade preferida. Se você estiver com tudo isso em cima, ótimo! Você pode aplicar *early*. Caso contrário, utilize a opção *regular*.

CAPÍTULO 13

AS APPLICATIONS FORAM ENVIADAS. E AGORA?

"Quando você mata o tempo, lembre-se de que não há ressurreição."

A. W. TOZER

Depois de apertar todas as teclas para o envio das *applications*, o alívio será grande, mas o jogo ainda não acabou. O envio não encerra completamente o processo. As universidades recebem milhares de candidaturas, e tudo que for referente à sua candidatura será colocado em uma pasta com seu nome. Erros podem ocorrer. Os resultados dos testes, por exemplo, são enviados diretamente às escolas pelas instituições que os aplicaram. Pode ser que algum resultado não chegue à escola, ou pode ser que ele chegue e não seja colocado em sua pasta. Pode ser, ainda, que você tenha enviado a *application* em dezembro e enviará o último resultado do SAT ou ACT em janeiro. É preciso verificar se o resultado chegou, e o mesmo se aplica aos históricos escolares ou quaisquer outros documentos.

Por isto, é muito importante checar diariamente o *status* da sua *application* no site das universidades. Nesta área específica, que será indicada no portal da escola, constarão eventuais itens que estejam faltando. A universidade também pode lhe informar sobre a falta de alguma documentação via e-mail. Nas

AS APPLICATIONS FORAM ENVIADAS. E AGORA?

applications, você indicará um e-mail de contato. Você deve checar diariamente se há mensagens das escolas. Minha sugestão, inclusive, é que você crie um endereço de e-mail para ser utilizado exclusivamente para este fim. Preferencialmente, utilize seu nome neste endereço, e somente o informe para quem esteja envolvido no processo, usando um outro endereço para receber mensagens pessoais. Reserve este e-mail, portanto, somente para as universidades ou pessoas que o estejam assessorando na *application*. É mais garantido. Configure este endereço de e-mail no seu celular para receber as mensagens assim que elas forem enviadas.

Se ocorrer algum problema, haverá um e-mail ou telefone que você poderá utilizar para esclarecer a dúvida ou enviar o documento que falta. Somente quando o portal indicar que 100% da sua *application* está completa é que você poderá ficar tranquilo. Aí é só aguardar a resposta, mas continue checando o e-mail e o portal.

Vamos agora tratar de um outro assunto que também tem a ver com este período pós-envio das *applications*.

Há um desencontro entre os anos letivos do Brasil e dos Estados Unidos; o ano letivo lá começa em agosto ou setembro e vai até maio ou junho. No Brasil, ele começa em fevereiro ou março e termina em novembro ou dezembro. Assim, supondo que você envie todas as suas *applications* até janeiro, você deverá aguardar até agosto ou setembro para o início das aulas nos EUA.

Se você não aplicou *early*, as respostas das universidades começarão a chegar em fevereiro, com as últimas chegando em abril. Mesmo que você esteja ansioso esperando as respostas, de janeiro a agosto você terá muito tempo livre e não deve desperdiçá-lo.

Muitos americanos e estudantes internacionais que se candidatam às vagas nas universidades americanas fazem um exame chamado *Advanced Placement*, popularmente chamado de AP, ou o *International Baccalaureate*, o IB. O primeiro foi criado nos EUA, o segundo, na Europa. O estudante pode fazer o exame de AP por conta própria, a exemplo do SAT, mas há escolas que oferecem cursos preparatórios. Esses cursos são feitos durante o *high school*, mas as matérias cursadas têm nível universitário. Em determinada data, os alunos fazem um exame e obtêm uma nota do AP ou do IB. Aproximadamente três milhões de estudantes prestam exames AP nos EUA por ano.

Veja as disciplinas dos AP: *AP Research*; *AP Seminar*; *Art History*; *Biology*; *Calculus AB*; *Calculus BC*; *Chemistry*; *Chinese Language and Culture*; *Computer Science A*; *Computer Science Principles*; *English Language and Composition*; *English Literature and Composition*; *Environmental Science*; *European History*; *French Language and Culture*; *German Language and Culture*; *Government and Politics — Comparative*; *Government and Politics — US*; *Human Geography*; *Italian Language and Culture*; *Japanese Language and Culture*; *Latin*; *Macroeconomics*; *Microeconomics*; *Music Theory*; *Physics 1*; *Physics 2*; *Physics C: Electricity and Magnetism*; *Physics C: Mechanics*; *Psychology*; *Spanish Language*; *Spanish Literature*; *Statistics*; *Studio Art Drawing*; *Studio Art 2D Design*; *Studio Art 3D Design*; *US History*; e *World History*.

Muitos alunos indicam as notas obtidas nos AP ou IB em suas *applications*. Você verá um espaço reservado para isso no portal de candidaturas das universidades. Essas notas são levadas em conta pelos comitês de admissão; afinal, tirar uma boa nota em um AP é um indicador de compromisso e de interesse por parte do aluno. Se o candidato, por exemplo, pretende estudar Física, tirar uma boa nota no AP de *Physics* pode ajudar na sua aceitação. Alguns alunos chegam a fazer sete ou oito cursos desse tipo, principalmente quando pretendem concorrer às escolas mais competitivas. Além disso, algumas faculdades

AS APPLICATIONS FORAM ENVIADAS. E AGORA?

autorizam os alunos a utilizar as AP como créditos para a universidade, o que pode encurtar o tempo para obter a graduação.

Assim, muitos estudantes entram no ensino superior nos EUA com uma boa base em diversas disciplinas. O estudante brasileiro, neste caso, tem uma desvantagem, porque apesar de as provas de AP serem oferecidas no Brasil, este é um assunto pouco conhecido por aqui. Dificilmente um aluno do ensino médio brasileiro foi exposto a disciplinas de AP ou IB, que têm nível de ensino superior. Isso pode representar uma desvantagem quando você começar seu curso lá, principalmente se ele utilizar extensivamente Matemática, Física, Química, Biologia ou Ciência da Computação. Você pode diminuir esta lacuna aproveitando o tempo livre até agosto para fazer cursos nessas áreas. Matemática é um caso típico; muitos *majors* nos EUA exigem uma boa base de Matemática superior. Cálculo diferencial e integral é algo muito diferente de tudo que você viu no ensino médio; não deixe para descobrir isso lá.

O Coursera[1] é uma boa alternativa nesse caso. Trata-se de uma plataforma que oferece cursos de praticamente todos os tipos de forma gratuita e *on-line*, com professores incríveis. Se você pretende cursar Economia, que tal fazer um curso de Microeconomia ou de Macroeconomia antes de ir? Ou de Ciências Sociais, Matemática, Física, Química? Há muitas possibilidades. Você também pode contratar um professor particular, mas essa alternativa envolve um custo.

Você também pode considerar a possibilidade de visitar as escolas neste período, após o recebimento dos resultados. Já falamos sobre isso no Capítulo 10.

---

1 Plataforma aberta que oferece cursos gratuitos on-line ministrados por renomadas instituições educacionais (veja em *Endereços Interessantes*, no fim do livro).

EMILIO COSTA

Aproveite este intervalo entre o final das aulas no Brasil e o início das aulas nos EUA para cobrir eventuais lacunas entre o ensino brasileiro e o americano. É verdade que você estará cansado com o fim do ensino médio e com todo o trabalho das *applications*, e você pode tirar alguns dias de descanso, mas não desperdice todo esse tempo disponível. Os cursos nos EUA não são moleza, e quanto mais preparado você estiver ao chegar lá, melhor será.

CAPÍTULO 14
O VISTO DE ESTUDANTE

"O mundo é um livro e aqueles que não viajam leem somente uma página."

SANTO AGOSTINHO

Para estudar nos EUA, você precisará obter um visto de estudante chamado F1. Este visto é exigido pelas escolas e sua concessão é feita pelas autoridades americanas, nos consulados ou na embaixada americana no Brasil.

Quando você escolher oficialmente a universidade na qual estudará e pagar a taxa de matrícula, a escola lhe enviará um formulário chamado I-20.

ATENÇÃO: Confira com muito cuidado o I-20, pois ele pode vir com algum erro. Nele constam o nome do estudante, país, instituição de ensino que será a patrocinadora do visto, o curso ou especialização e custo dos estudos. Se houver algum erro, informe a universidade para que ela envie outro I-20 corrigido. Esse documento é o pontapé inicial para obtenção do F1. A partir de seu recebimento, há uma série de providências que você deverá adotar, inclusive agendar uma entrevista no consulado americano para concessão do visto. Você pode obter informações sobre essas providências entrando em contato com um dos escritórios do EducationUSA. Procure os endereços desses escritórios na internet (consulte *Websites interessantes*, no fim do livro).

Há escritórios particulares que oferecem serviços como preenchimento de documentos, pagamento da taxa do F1 (US$ 160) e agendamento de entrevista no consulado americano. Até recentemente um trabalho desses escritórios particulares custava em torno de R$ 260,00. Mas você mesmo pode fazer este trabalho, se quiser.

Uma vez obtido o F1, você estará legalmente habilitado a frequentar a universidade.

ATENÇÃO: Você deve manter o F1 sempre junto com seu passaporte, pois os dois documentos deverão ser apresentados aos oficiais da Imigração todas as vezes em que você entrar nos Estados Unidos. Tentar entrar sem o F1 seria o mesmo que tentar entrar sem visto. O F1 terá a duração prevista do seu curso, que foi informada no I-20 (por exemplo, quatro anos), mas a universidade terá que carimbar o F1 todos os anos para provar que você continua matriculado. Não se esqueça dessa providência, principalmente antes de sair dos EUA, para que não haja problema no seu retorno.

CAPÍTULO 15

COMO TER SUCESSO NA SUA ADAPTAÇÃO AOS EUA

"Onde quer que você vá, vá com todo o seu coração."

CONFÚCIO

Veja essas duas frases: *"Second place is just the first place loser"*[1] e *"There is no such thing as second place. Either you're first or you're nothing"*[2]. Embora ambas as frases se refiram a esportes, elas servem para retratar uma característica geral da sociedade americana: o espírito de competição. Algumas pessoas podem ficar chocadas com essa forma de pensar, mas não os americanos, porque isso faz parte da cultura deles. Viver fora é uma experiência enriquecedora, mas muitas diferenças surgirão: clima, paisagem, língua, alimentação, valores, costumes. É importante saber como lidar com essas diferenças quando for para lá. Foi pensando nisso que escrevi este capítulo.

Se você mantiver sua mente aberta, essas diferenças não serão um problema; em vez disso, elas farão de você uma pessoa culturalmente mais rica e interessante. Mergulhe na nova cultura, tenha interesse em conhecê-la, não fique comparando-a

---

1 O segundo lugar é apenas o primeiro lugar perdedor (Dale Earnhardt)
2 Não existe essa coisa de segundo lugar. Ou você é o primeiro ou você não é nada (Gabe Paul)

com a brasileira. Isso não significa abandonar seu pensamento crítico ou suas raízes, mas sim somar os pontos positivos da cultura americana, como determinação, pontualidade, responsabilidade pessoal, planejamento, segurança, àqueles da cultura brasileira, como a flexibilidade, espontaneidade, sociabilidade.

Adaptar-se a uma nova cultura é um processo dinâmico que se torna desafiador em determinados momentos. De vez em quando, você se sentirá ansioso ou frustrado, ou então cometerá erros. Isso é normal e ocorre em qualquer aprendizado. Seja paciente e o resultado final será positivo, pois você adquirirá autoconfiança para enfrentar os desafios pessoais e profissionais que virão.

Para falar sobre este assunto e dar dicas preciosas para uma boa adaptação aos EUA, apresento a seguir a entrevista que me foi gentilmente concedida por Andrea Sebben, uma psicóloga intercultural com grande experiência nos processos de adaptação a novas culturas, autora de diversos livros, incluindo *Intercâmbio Cultural - Para Entender e se Apaixonar*, um verdadeiro manual para intercambistas, pais e famílias, traduzido em 3 idiomas. Além de ser membro de diversas associações internacionais de psicologia intercultural, Andrea estudou na Espanha, Bélgica, Itália, Estados Unidos e Canadá. Ninguém melhor do que ela para falar aos pais e alunos sobre o processo de adaptação a novas culturas. Desde 2015, ela tem prestado serviços de Treinamento Intercultural à *Daquiprafora*.

Fale um pouco da Psicologia intercultural e de como funciona seu trabalho.

A Psicologia intercultural é uma área recente, que possui menos de trinta anos, inicialmente criada para tratar dos refugiados. Ela possui dois pilares: o primeiro analisa o processo migratório e seus diversos elementos; o segundo trabalha com o esquema mental dos povos, que foi dividido em 130 características. No meu trabalho, utilizo extensivamente o segundo pilar para auxiliar jovens que vão cursar *high school* ou universidade no exterior, que eu chamo de intercambistas, executivos que vão trabalhar fora e atletas. O intercambista está imerso em uma dimensão educativa muito mais complexa do que simplesmente a universidade, pois ele passará a viver em uma cultura diferente da sua. Há, portanto, muito mais a se aprender do que aquilo que será ensinado na escola. A Psicologia intercultural me fornece o instrumental para compreender o que ocorre não somente com este jovem, mas também com sua família, que exercerá enorme influência em seu sucesso ou fracasso mesmo ficando no Brasil. O papel dos pais neste processo é fundamental. A *Daquiprafora* tem feito um investimento pesado no meu trabalho para auxiliar os jovens e suas famílias no processo de adaptação intercultural, pois a empresa não quer somente colocar o jovem na universidade, mas mantê-lo lá física e emocionalmente bem.

Quais são as maiores diferenças culturais entre brasileiros e americanos?

Eu diria que a principal, dentre aquelas 130 características, é o ambiente, no sentido amplo do termo. O *mindset*[1] do americano é chamado de controle. O americano controla seu ambiente, tem responsabilidade sobre si e sobre seu meio. O *mindset* do brasileiro é chamado de coação. O brasileiro não acredita que pode controlar seu ambiente, mas, inversamente, que o ambiente o controla. O brasileiro diz: "Se Deus quiser, este ano eu passo no vestibular". O americano diria: "No meu

---

1 Mentalidade

país, se eu estudo, eu passo, se eu não estudo eu não passo". O brasileiro diz: "Hoje eu cheguei atrasado por causa da chuva". O americano diria: "Então você deveria ter saído mais cedo". O principal valor da cultura americana é a responsabilidade. O brasileiro costuma buscar subterfúgios, e os americanos não gostam disso. O americano é um solucionador de problemas e a solução está nele. O brasileiro, quando não consegue solucionar um problema, em geral, culpa algum fator externo.

Que recomendações você daria a um aluno que pretende estudar nos EUA?

A primeira delas é entender que ele não será um estudante doméstico e, portanto, não deve focar sua atenção somente na parte técnica do curso; também deve prestar atenção nos aspectos interculturais. Ele precisa estar ciente de que estará migrando! Migrando para estudar! Não adianta se queixar que deixou seus amigos no Brasil, ou que seu técnico pega muito no seu pé, no caso dos atletas, ou que a comida não é boa. Ele não pode esperar que tudo lá ocorra como se estivesse fazendo faculdade aqui. O mesmo se aplica aos pais, que devem estar conscientes de que seus filhos enfrentarão situações novas que não existiriam se eles tivessem ficado aqui.

Em termos de adaptação quais são as melhores e as piores características dos estudantes brasileiros?

O Brasil é um país muito tutelar. Os pais são praticamente funcionários de seus filhos adolescentes, e esses jovens irão estudar em um país não tutelar, que valoriza a independência, a autonomia e a responsabilidade individual. Para piorar a situação, muitas vezes, quando os filhos apresentam alguma dificuldade na adaptação, os pais, daqui mesmo do Brasil, reforçam essa tutela, o que só piora o quadro. Um segundo ponto é o etnocentrismo do brasileiro. Muitas vezes, ele viaja pensando que o que vale aqui valerá lá, e isso não ocorre. O brasileiro muitas vezes quer impor seu modo de vida ao país estrangeiro. Como pontos positivos eu citaria a resiliência e a alegria dos brasileiros. Quando o brasileiro resolve enfrentar um problema, ele geralmente tem grande sucesso.

Quanto tempo você acha que os brasileiros demoram a se sentir integrados à universidade e à sociedade americanas?

Há dois momentos determinantes para que esta integração se complete: o primeiro ano na universidade e o retorno para cursar o segundo ano. No primeiro ano, o jovem passa por um tipo de regressão e volta a ser criança, pois precisa aprender a língua, se adaptar à alimentação e aos novos costumes. Passado o primeiro ano e superada essa fase, ele volta para as férias de verão. Aí ele costuma dar alguns passos para trás. Ele é recebido pelos pais e pelos amigos, passa a falar sua língua e viver dentro de seus costumes. Passadas as férias, ele tem que voltar para o segundo ano. Este é um momento decisivo, pois ele pode se sentir desestimulado a voltar. Se ele enfrentar essas etapas com determinação, no fim do segundo ano ele se sentirá em casa no novo país.

Em termos de adaptação, há alguma diferença entre alunos esportistas e acadêmicos?

Os esportistas sofrem pressões vindas de um verdadeiro ícone da cultura americana: o técnico. O técnico é uma figura muito importante nos EUA, pois representa a autoridade, a regra, a liderança, a superação de limites, e os técnicos americanos vão para cima dos atletas de uma maneira que eles nunca experimentaram antes. Já os acadêmicos sofrem as pressões das metas estabelecidas pela universidade, principalmente no caso dos estudantes beneficiados com bolsas de estudo, uma vez que, para não perderem os benefícios, eles têm que manter determinada média escolar. E lá a coisa é para valer mesmo, não tem desculpa. As duas situações podem mexer muito com a cabeça de alguns brasileiros, que não estão acostumados com isso.

Você conhece casos de alunos que não se adaptaram a ponto de voltarem para o Brasil? Se sim, é possível identificar alguma característica geral nesses casos?

Sim. A característica comum nesses casos é a falta de resiliência dos pais, que muitas vezes fraquejam ao ver o filho enfrentando dificuldades que são normais no processo de adaptação. Crenças equivocadas de que o filho não pode ter nenhum tipo de sofrimento muitas vezes fazem com que esses pais chamem o filho de volta. É uma combinação de falta de resiliência, paciência e confiança da parte dos pais, o que acaba provocando desistências, baixa autoestima e, podemos dizer, falta de responsabilidade nos jovens. Todo jovem que foi aceito em uma universidade fora é talentoso. Além disso, ele só está lá porque os pais fizeram um investimento financeiro altíssimo. Quando os pais incentivam o filho a voltar, tudo isso é jogado fora.

Como os pais ajudam na adaptação dos estudantes?

Os pais ajudam exercendo a confiança e o amor, não desistindo do projeto mesmo diante das dificuldades que possam surgir. E, por fim, exercendo sua autoridade. Meu trabalho como psicóloga intercultural pode ajudar muito os jovens a superarem eventuais dificuldades, mas somente os pais têm autoridade para mantê-los lá. Se os pais não desistirem, seus filhos terão sucesso.

Qual a diferença que uma educação fora faz na vida dos jovens?

A educação técnica de qualidade das universidades americanas é a cereja do bolo, mas um aluno que seja aplicado e estude em uma escola brasileira também pode obter uma boa educação técnica. No entanto, uma educação no exterior ensina muito além dos muros da escola, pois o aluno, além de estar recebendo uma educação de qualidade, está aprendendo sobre si, sobre o outro e sobre a vida de uma maneira singular. Mesmo que ele estivesse estudando na melhor escola no Brasil, não seria a mesma coisa, porque no exterior ele estará imerso em um processo de educação intercultural. As pessoas parecem se esquecer disso. Quando os pais desses jovens dizem que seu filho está estudando, digamos, Economia, eles esquecem que, na verdade, ele está aprendendo muito mais do que isso lá fora.

CAPÍTULO 16

ESTÁGIO DE VERÃO (*SUMMER JOB*)

*"Pessoalmente estou sempre pronto a aprender,
se bem que não gosto que me deem lições."*

WINSTON CHURCHILL

Numa entrevista com Mônica Noronha, uma das sócias da empresa *Into the Future* e profissional com mais de trinta anos de experiência em recursos humanos **em grandes empresas nacionais e multinacionais**, ela teve a gentileza de me explicar como funcionam os Estágios de Verão ou *Summer Jobs*, tão populares nos EUA, mas ainda pouco conhecidos no Brasil. Mônica organiza visitas individuais ou coletivas às universidades para jovens que pretendem estudar no exterior.

Os *Summer Jobs* são uma prática consolidada nos Estados Unidos, inclusive durante o *high school*. Como as férias escolares dos americanos são longas, durando três meses, eles são estimulados a trabalhar nesse período, desenvolvendo competências ligadas ao mundo do trabalho e ao ambiente organizacional.

No Brasil, este assunto ainda é pouco conhecido, mas algumas empresas descobriram este filão pelo número crescente de brasileiros que estão indo fazer graduação nos EUA. Elas estão recrutando esses jovens diretamente nos Estados Unidos para que eles passem as férias de verão trabalhando no Brasil.

ESTÁGIO DE VERÃO (SUMMER JOB)

Pela capacidade que demonstram ao serem aceitos em escolas americanas, onde recebem uma educação de alta qualidade, desenvolvendo competências globais e flexibilidade para lidar com diferentes culturas, esses alunos estão despertando um crescente interesse no mercado brasileiro.

Os estágios representam um duplo ganho, pois permitem à empresa avaliar se o jovem combina com sua cultura e, ao jovem, verificar se a empresa oferece os desafios e as oportunidades que ele procura. No processo seletivo, é como se a empresa visse uma fotografia do candidato, no estágio, é como se ela visse um filme. Se o jovem tiver um bom desempenho, este filme poderá ter continuação na forma de uma oferta de emprego após sua formatura.

Considerando a importância deste assunto, segue a entrevista que esclarecerá o funcionamento dos *Summer Jobs*.

Quando são as férias de verão nos EUA?

Pode variar um pouco de uma escola para outra, mas as férias são de três meses, entre junho a agosto, que são os meses de verão no hemisfério norte.

Como funcionam os estágios de verão nos EUA e no Brasil?

Isso depende da empresa. Nos EUA, o estágio pode ser não remunerado. No Brasil, isso não ocorre, em função de nossa legislação trabalhista. As empresas que possuem esses programas procuram atrair jovens talentosos, com boa formação acadêmica, visando contratá-los no futuro, caso eles demonstrem afinidade, interesse e competência no estágio.

Qual a importância desses estágios para os jovens?

O estágio é uma complementação importante de tudo que ele vê e aprende na sala de aula. O jovem brasileiro que vai estudar fora conhece pouco ou nada do mercado de trabalho no Brasil, das competências organizacionais exigidas e do estilo de gestão existente no nosso país. Por meio do estágio de férias, ele vai conhecer a realidade brasileira. Se ele pretende voltar para o Brasil depois de formado, o estágio é ainda mais importante.

Por que as empresas brasileiras começaram a recrutar nos EUA?

As empresas brasileiras sabem que no exterior existem ótimas universidades, que formam jovens com grandes competências. Além disso, muitas delas já recrutam alunos de MBA no exterior ou patrocinam estes cursos para seus funcionários, com excelentes resultados. Elas começaram a perceber o aumento no número de jovens brasileiros que estão indo fazer graduação nos EUA. São estudantes que, em geral, cursaram um bom ensino médio e conseguiram ser aceitos em universidades competitivas. Essas empresas, então, decidiram atrair esses jovens talentos com o objetivo de alimentar futuras posições de liderança nas suas estruturas.

As empresas americanas também recrutam esses brasileiros para estagiar nos EUA?

Sim, podem recrutar, dependendo de sua estratégia. Empresas internacionais que possuem interesses e negócios no Brasil podem recrutar brasileiros.

O brasileiro precisa de alguma autorização especial para fazer o estágio lá?

Todo jovem que vai fazer graduação nos EUA recebe um visto chamado F1. Há empresas americanas que aceitam estagiários com visto F1, há outras que não aceitam. Trata-se, portanto, de uma condição da empresa. O jovem deve verificar com a empresa americana que o interessa se ela aceita estagiários

ESTÁGIO DE VERÃO (SUMMER JOB)

com esse tipo de visto. Obviamente, se a empresa tem interesse em recrutar brasileiros, como tratado na questão anterior, ela aceitará estagiários com visto F1.

Quantos jovens brasileiros são recrutados por ano nos EUA para os *Summer Jobs?*

Não tenho um número global, mas há empresas brasileiras que já contratam entre 25 a 35 jovens por ano, chegando a entrevistar de 150 a 200 candidatos.

Como conseguir um desses estágios?

As universidades americanas são muito estruturadas, com um amplo leque de ferramentas onde o jovem pode procurar estágios. Ele pode obter informações no *website* da universidade, com seu *Counselor*, nos *Career Centers* e, muito importante, nas redes sociais como, por exemplo, no Facebook, uma vez que muitas empresas utilizam esses espaços para divulgar seus programas de estágios. O importante é estar ligado.

As empresas também vão até à faculdade para recrutar?

Sim. Existem feiras ou momentos em que as universidades abrem suas portas para apresentações das empresas aos seus alunos. Em geral, essas feiras ocorrem em setembro e outubro. Nesse caso, parte do processo de recrutamento é feito na própria feira, como, por exemplo, o recebimento de um *curriculum* e uma entrevista inicial. Se houver interesse do candidato e da empresa, o processo terá continuidade na forma a ser definida pela empresa.

Qual a melhor época para começar a procurar estágio?

No ano anterior àquele em que o estágio será oferecido. Os estágios ocorrem entre maio/junho a agosto/setembro; geralmente em outubro ou novembro do ano anterior as empresas começam a buscar seus candidatos a estágio. Os alunos devem ficar atentos a essas datas.

Quando o candidato fica sabendo se conseguiu o estágio?

Geralmente até março do próprio ano do estágio, mas esse prazo pode variar dependendo do tempo necessário para a conclusão do processo de admissão do estagiário.

Como um candidato pode se preparar para este recrutamento?

Os processos são competitivos e os alunos devem se preparar para mostrar suas habilidades. Aqui, tanto o *Counselor* quanto o *Career Center* desempenham um papel importante auxiliando na preparação de um *Curriculum Vitae* e fazendo entrevistas simuladas para que o candidato possa treinar e corrigir eventuais gaps.

As entrevistas são feitas em inglês ou português?

Em geral, em português. Os estagiários trabalharão no Brasil. Além disso, as empresas sabem que um aluno de graduação nos EUA já possui um bom nível de inglês, exigido no próprio processo de admissão à universidade.

O que colocar no *Curriculum Vitae* se o aluno não tem experiência?

O *Career Center* poderá orientá-lo, mas mesmo que o aluno esteja buscando sua primeira colocação ele pode indicar, por exemplo, atividades extracurriculares que tenha desenvolvido na universidade ou mesmo no Brasil.

Os estágios podem ser renovados ou valem somente por uma vez?

Depende da avaliação que a empresa faz do estagiário. Se ele se sair bem, a empresa pode recrutá-lo novamente, mas isso depende da estratégia de cada empresa.

ESTÁGIO DE VERÃO (SUMMER JOB)

Fazer um estágio pode aumentar a chance de contratação na empresa depois que o aluno se forma?

Sim, muito. Quando as empresas recrutam um estagiário, a ideia é que mais tarde ele se torne um funcionário, mesmo que seja somente depois de formado. No entanto, isso dependerá de como o jovem se sair no estágio; as empresas têm relatado experiências positivas nesse sentido.

Deseja fazer algum comentário final?

Se eu puder dar um conselho em relação aos estágios de verão ao jovem que tem essa oportunidade fantástica de estudar nos EUA, eu resumiria este conselho a uma palavra: EXPERIMENTE! Aproveite a oportunidade para fazer estágios em diferentes empresas e áreas, experimente o que você puder para só então fazer sua escolha profissional. Dificilmente um jovem sabe exatamente onde e em que área quer trabalhar. Os estágios de verão oferecem uma oportunidade única para responder esta questão. Depois de fazer um bom estágio, você voltará para a universidade com uma visão muito mais rica em relação ao que é ensinado na sala de aula e começará a formar uma ideia da carreira e área de atuação que você deseja depois de formado.

CAPÍTULO 17

O QUE DIZEM OS QUE CONSEGUIRAM

"O único lugar em que o sucesso vem antes do trabalho é no dicionário."

AUTOR DESCONHECIDO

Quem melhor do que aqueles que tiveram sucesso no processo de *application* para contar suas experiências e dar dicas importantes aos estudantes que desejam seguir o mesmo caminho? Foi pensando nisso que incluí este capítulo com quatro entrevistas, efetuadas via e-mail, com estudantes recentemente admitidos em concorridas escolas americanas. São eles Bárbara Pereta (BP), Carol Ghenther (CG), Daniel Amaral (DA) e João Victor da Silva (JVS). Leiam com atenção o que eles dizem.

Para qual universidade você irá?

BP: Eu estudo na *University of Wisconsin — Madison*.

CG: *North Carolina State University*.

DA: *University of Colorado Boulder*.

JVS: *Boston University*.

Por que você decidiu estudar nos EUA?

BP: Porque eu sempre tive paixão por aprender e por poder ir além do comum. Quando comecei a estudar em uma faculdade federal no Brasil, senti que este além era muito pouco explorado e, na maioria das vezes, nós, alunos, ficávamos condicionados a repetir o que já existia em vez de desenvolver conhecimentos diversos e inovar. Por conta disso, me senti desestimulada e decidi procurar por universidades onde inovação e vasto aprendizado eram possíveis. Foi assim que decidi estudar nos EUA.

CG: Uma graduação em uma universidade reconhecida internacionalmente é um item muito valorizado no *curriculum*. Escolhi os EUA e não outro país por conta da facilidade com a língua inglesa.

DA: Desde pequeno, sempre viajei bastante e tinha como meta estudar fora do Brasil. Passei toda a minha infância observando minha mãe viajar para diferentes países, com diferentes culturas e se relacionando com pessoas do mundo todo. Ser um cidadão do mundo é algo presente na minha família, fez parte do meu crescimento e é algo que eu valorizo bastante. Diversos motivos me levaram a escolher os EUA; as universidades americanas têm mais recursos e infraestrutura para pesquisa e desenvolvimento de novas tecnologias, algo fundamental na minha área, além do fato de que as maiores empresas de tecnologia do mundo estão lá. Sempre sonhei em estagiar ou trabalhar nessas empresas, e estudando nos EUA estarei mais próximo de alcançar esse objetivo. Estudar nos EUA é viver em um ambiente rico e diverso, com pessoas de todas as partes do mundo.

JVS: Porque o sistema educacional superior dos EUA é muito mais completo que o brasileiro. A universidade nos Estados Unidos não se prende apenas às aulas do curso desejado. A flexibilidade de estudo e as oportunidades acadêmicas (estágios, intercâmbios, pesquisa etc.) são muito grandes. Além disso, a possibilidade de entrar em contato com pessoas de outras culturas é algo muito interessante para a formação acadêmica, profissional e pessoal.

Você se candidatou como acadêmico ou como atleta:
BP: Acadêmico.

CG: Acadêmico.

DA: Jogo Basquete no Minas Tênis Clube, mas me candidatei como acadêmico.

JVS: Acadêmico.

Para que curso você aplicou?
BP: *Chemical Engineering* como *major* e *Business* como *minor*.

CG: *College of Engineering- Computer Science*.

DA: *Computer Engineering*.

JVS: Economia.

Para quantas universidades você aplicou?
BP: Nove.

CG: Oito.

DA: Treze.

JVS: Nove.

Em termos de participação, como você dividiu as competitivas, alvos e seguras?
BP: Foquei em Universidades Alvo/Seguras e em apenas algumas competitivas. Fiz também a prova de simulação do SAT, que o site oficial oferece, e a partir da nota obtida pude escolher as Universidades para as quais minha nota era adequada.

CG: Três competitivas, duas alvos e três seguras.

DA: Seis competitivas, cinco alvos e duas seguras.

JVS: Quatro competitivas, três alvos e duas seguras.

Qual foi seu GPA nos últimos 4 anos (em uma escala de 0,00 a 4,00)?
BP: No Ensino Médio foi 3,94. No primeiro ano na Universidade foi 4,00

CG: 3,95.

DA: Meu GPA foi 3,05. Minha escola era bem puxada e meu aproveitamento no último ano ficou próximo do primeiro aluno da escola.

JVS: 3,60

Quais testes você prestou e como você se saiu neles?

BP: No TOEFL, a faculdade exigia mais de 100 e eu consegui. No SAT *Reasoning*, fiquei no *percentile* de 95%. Também fiz os SAT *Subject Tests* de *Math2*, *Physics* e *Chemistry*. Fiquei com *percentile* acima de 90% nas três provas.

CG: SAT (1.190) e TOEFL (90). Minhas notas foram boas o suficiente para eu ser aceita em seis das oito universidades pelas quais me interessei.

DA: SAT (1.200) e TOEFL IBT (96)

JVS: SAT (1.360) e TOEFL (93)

Como você se preparou para os testes?

BP: Para o SAT, comprei um livro preparatório e fiz provas *on-line* que simulavam a prova oficial, inclusive as provas oferecidas pelo site oficial. Para o TOEFL, como eu já era formada em inglês e minha maior preocupação era com a parte de *speaking* devido ao tempo limitado, procurei vídeos que davam dicas para falar no tempo adequado e para formular respostas eficientes. Isso foi a chave para um resultado excelente na prova.

CG: Fiz um curso de inglês preparatório para o TOEFL, e estudei para o SAT usando os recursos do site Khan Academy.

DA: Para o TOEFL, pesquisei os livros existentes na internet, entrei em contato com a instituição responsável pelo exame, a ETS, para pedir recomendação de livros, adquiri alguns deles e criei uma rotina de estudos. Adotei a mesma técnica para o SAT, além de ter feito um curso *on-line* com um professor especializado.

Também contei com a ajuda de uma professora particular de Inglês, que me ajudou com questões de gramática e na preparação das redações.

JVS: Fazendo simulados e lendo alguns livros sobre os testes. Também fiz aulas particulares para as duas provas.

Qual foi o tema do seu essay?

BP: Meus *essays* para a UW foram:[1] 1. *Consider something in life you think goes unnoticed and write about why it's important to you*; 2. *Tell us why you decided to apply to the University of Wisconsin — Madison. In addition, share with us the academic, extracurricular, or research opportunities you would take advantage of as a student. If applicable, provide details of any circumstance that could have had impact on your academic performance and/or extracurricular involvement*; 3. *Briefly explain one activity and how you decided which activity was the most important to you*.

CG: Cada universidade exigiu cerca de quatro a cinco *essays*. Muitos se baseavam nos temas da *Common Application*, que foram os mais abstratos. Além disso, havia temas específicos para a universidade, relacionados ao major e ao futuro profissional.

DA: Para a *University of Colorado Boulder*, eu fiz dois textos: o primeiro foi um *Personal Statement* e o segundo foi sobre desigualdade socioeconômica.

---

[1] 1. Considere algo na vida que você acha que passa despercebido e escreva sobre por que isso é importante para você; 2. Conte-nos por que você decidiu aplicar para a Universidade de Wisconsin-Madison. Adicionalmente, compartilhe conosco as oportunidades acadêmicas, extracurriculares e de pesquisa que você aproveitaria como estudante. Se for o caso, forneça detalhes de qualquer circunstância que pode ter impactado seu desempenho e/ou envolvimento extracurricular; 3. Resumidamente, explique uma atividade e como você decidiu qual atividade foi mais importante para você.

JVS: Na minha redação principal, falei sobre o site de voluntariado que criei (Voluntários Conectados) e sobre os dilemas sociais que o Brasil enfrenta.

Você recebeu oferta de bolsa de estudo?

BP: Não.

CG: Até o momento não, mas, tenho oportunidade de concorrer a diferentes bolsas de estudos uma vez que já estou cursando a universidade.

DA: Sim. Bolsa por mérito no *New York Institute of Technology*, de US$ 16 mil/ano; bolsa por mérito na *Duquesne University*, de US$ 14 mil/ano + bolsa *On-campus Housing*, de US$ 4 mil/ano; e bolsa *Study Abroad* da *Michigan State University*, de US$ 5mil.

JVS: Sim. *George Washington*, de US$ 10 mil; *Fordham*, de US$ 12.500; *Loyola Chicago*, de US$ 20 mil; e *DePaul*, de US$ 16.500.

Qual sua expectativa em relação aos próximos anos na faculdade?

BP: Espero continuar me envolvendo com atividades de extensão, como já tenho feito (fiz parte da SWE, do blog da Universidade e atualmente sou diretora da organização *Insight Wisconsin*), e me envolver com pesquisas inovadoras dentro da Engenharia Química e da administração.

CG: Aproveitar a infraestrutura proporcionada aos alunos, explorar áreas de interesse para o meu *minor*, participar de clubes e atividades que ajudem no meu desenvolvimento pessoal, profissional, bem como na criação de um *networking*.

DA: Minha expectativa é alta. Sinto que viverei uma grande transformação acadêmica e pessoal. Será a primeira vez que vou morar fora da casa dos meus pais. Além desse crescimento pessoal, penso que Boulder me possibilitará desenvolver todo o

EMILIO COSTA

meu potencial acadêmico. Estou ansioso para conhecer novas pessoas e viver em um ambiente onde coisas que mudam o mundo estão sendo constantemente criadas.

JVS: Espero que possa desenvolver meu potencial acadêmico, realizar intercâmbios pela universidade e conhecer pessoas de outras culturas.

O que você diria para quem pretende aplicar para uma universidade americana?

BP: Eu diria que não se deixassem levar pela incerteza ou pela insegurança de estudar em outro país. O começo pode ser um pouco assustador, mas nada que algumas semanas de adaptação não resolvam. Estudar em uma universidade americana é um sonho, em todos os sentidos, e se houver persistência e dedicação ao longo do processo, não há erro. Além disso, é importante ter muito cuidado e atenção ao escolher para quais faculdades aplicar. Questões como clima, quantidade de alunos internacionais, tamanho da sala de aula, forma de ensino, etc. são muito importantes e devem ser pensadas com cuidado. Por fim, é essencial se jogar 100% e se entregar à cultura americana. Antes de ir embora, eu assisti a uma palestra sobre morar em outro país e sobre entrega cultural, e a palestra foi essencial para que eu fizesse amigos nos EUA, me adaptasse melhor e para que a saudade de casa não atrapalhasse meu desempenho e minha vida por lá.

CG: Prepare-se no ensino médio mantendo notas altas no boletim; dedique-se ao SAT e TOEFL, focando em uma pontuação-alvo; desenvolva atividades extracurriculares que surtam impacto, não somente acadêmico, mas também na sociedade, e escreva redações que se destaquem, de maneira que o comitê de admissão queira conhecer você.

DA: Diria que é um processo trabalhoso, que requer grande planejamento e que pode ser caro. Mas assim que você pisa em uma universidade americana e vê tudo acontecendo, você tem certeza de que está fazendo a coisa certa. Estar naquela atmosfera, vendo a infraestrutura, os professores e os alunos passa um sentimento único de que você pertence àquele lugar e que cada minuto de sua dedicação valeu a pena.

JVS: É preciso muito planejamento para conseguir resultados bons nos testes, para fazer boas escolhas de universidades e para preparar muito bem as *applications*. Isto será decisivo para o processo.

CAPÍTULO 18

E DEPOIS DA UNIVERSIDADE?

"O talento se aprimora na solidão; o caráter, na agitação do mundo."

GOETHE

A entrevista a seguir foi-me gentilmente concedida por Aline A. Altschul, formada em 2015 pela prestigiadíssima *University of Virginia*[1] (UVA), localizada em Charlottesville. Bob Kennedy e Edgar Allan Poe são apenas dois exemplos de personalidades mundiais que estudaram na UVA. A escola, fundada por Thomas Jefferson, que também foi responsável por parte de sua arquitetura, é tão bela que foi declarada Patrimônio Mundial pela UNESCO. A UVA possui estudantes dos 50 estados americanos e de mais de cem países.

A entrevista é rica em detalhes e dicas não somente sobre a vida na universidade, mas também sobre a pós formatura. Depois de trabalhar por um ano em Wall Street, em Nova York, Aline voltou para o Brasil para trabalhar em um *family Office*.[2] Durante a entrevista, ela citou uma pergunta que foi sua

---

1 A *2018 US News & World Report Top Public Schools* classificou a *University of Virginia* em 3º lugar entre as escolas públicas dos Estados Unidos, abaixo somente de UCLA e Berkeley, que ficaram ambas empatadas em primeiro lugar. Seu processo de seleção é considerado *Very Difficult*.

2 Empresas que administram grandes fortunas familiares.

inspiração para ir estudar nos EUA. Espero que seu rico depoimento desperte esta mesma pergunta em vocês.

Fale um pouco sobre o curso que você fez na UVA.

Fiz *Business Administration* com foco em Finanças e Marketing. Na UVA, este curso dura apenas dois anos (3º e 4º anos da faculdade), já que a escola acredita que os seus primeiros dois anos da faculdade devem ser focados na educação de *Liberal Arts*. Como consequência, o aluno precisa aplicar para o curso de business em seu 2º ano na UVA, e a admissão requer pré-requisitos como Economia, Contabilidade e Estatística, entre outros, um GPA alto, que no meu ano ficou em torno de 3,7 (média de 9,25 no Brasil), e o envolvimento em atividades extra-curriculares. Metade dos três mil alunos que entra todo ano na universidade quer cursar *Business*, cerca de 500 conseguem cumprir os requisitos e, depois de dois anos, somente 300 são aceitos. Tanto o processo quanto o curso foram bem puxados, porque o ambiente era bastante desafiador e competitivo.

Como era a rotina na faculdade?

A carga horária das universidades não é tão pesada nos EUA quanto é aqui, mas é preciso estudar muito fora da sala de aula. Eu tinha, em média, duas horas e meia de aula por dia, quatro vezes por semana, mas cada hora de aula exige, no mínimo, três horas de estudo. Além dos *assignments* (tarefas escolares) eu tinha que fazer as leituras recomendadas, pois a participação nas aulas era uma parte importante da nota. Às vezes eu tinha que ler 120 páginas de um livro para a próxima aula.

Você fez um bom *Networking*?

Sim. Na verdade, eu fiz amigos. Isso funciona mais do que um *networking* voltado exclusivamente para empregos. Quando fui procurar emprego, quem me ajudou foram meus amigos e ex-alunos da faculdade, já que nos EUA o *network* de *alumni* (ex-alunos) é muito forte. Durante meus quatro anos, eu não ficava ligada no Brasil via *Skype* o tempo todo. Eu me envolvi nas atividades que havia por lá, o que me proporcionou a oportunidade de conhecer pessoas de todos os lugares do mundo. Já fui à Índia para o casamento de uma amiga e, no fim do ano, vou para o Haiti assistir a outro. Eu tenho amigas não só dos EUA mas também da Costa do Marfim, da Malásia e de outros lugares do mundo. Este é o *networking* que eu fiz na UVA.

Você morou no *campus*?

Morei no *campus* por dois anos e meio na residência internacional, local que eu mesma escolhi, onde 90% dos residentes eram estrangeiros e 10% eram americanos. Depois morei um ano e meio fora, com amigas da escola, em um local a cinco minutos da faculdade.

Você fez pesquisa?

Fiz. No meu último ano, eu me candidatei a um programa de pesquisa onde os alunos tinham grande liberdade e podiam pesquisar o que eles quisessem. Eu decidi analisar o comportamento do consumidor brasileiro em relação às marcas americanas. Por sorte, havia uma professora no programa especializada em *business* no Brasil, para onde ela trazia os alunos durante o *spring break*,[1] e ela foi uma excelente orientadora para mim. Na minha colação de grau, fui premiada por esta pesquisa, que durou um ano e me trouxe um grande aprendizado.

---

1 Uma folga, em geral de uma semana, entre os meses de março e abril.

Quando surgiu a ideia de estudar fora?

Foi quando eu visitei a *University of California, Los Angeles* — UCLA. Eu estava no meu último ano do ensino médio e fui passar as férias com minha família na Califórnia. Nós visitávamos a faculdade quando de repente meu pai me perguntou se eu não me via estudando ali. O curioso é que a minha resposta foi: "Eu nunca conseguiria entrar em uma faculdade nos EUA". Meu pai, então, me questionou: "Por que não?". Bem, daí essa pergunta não saiu mais da minha cabeça. Eu comecei a pensar, por que não? Voltei para o Brasil e fui atrás do assunto, conhecendo então a *Daquiprafora*. Esta pergunta, inclusive, foi o tema do meu *essay* nos meus *college applications*: por que não?

O que você acha que é o grande diferencial da escola americana?

Nos EUA, você é quem faz sua trajetória. Você escolhe as disciplinas que vai cursar, as atividades que vai desenvolver, tudo. Não tem receita pronta de bolo. Aqueles dois primeiros anos em que o *curriculum* do meu curso era focado em *liberal arts*, antes de eu entrar na área de business, fizeram uma grande diferença para mim. Eu estudei Música, Artes, Política, Psicologia, tudo. Isso me deu uma formação completa. No trabalho, por exemplo, isso nos dá uma visão abrangente quando precisamos enfrentar alguma situação, resolver algum problema. Além disso, estudando nos EUA a gente aprende a ser muito mais produtivo e focar no que realmente é importante e relevante. Eu aprendi muito isso durante o meu curso, quando a quantidade de *assignments* e atividades extra curriculares era tão grande que eu tinha que escolher o que era mais importante e quanto tempo eu devia reservar para cada atividade — nunca dava tempo de fazer tudo. Hoje isso está presente tanto na minha vida pessoal quanto na profissional. Lá você aprende a ser esperta porque o tempo realmente importa.

Sua rotina era bem puxada, então?

Sim, mas o curioso é que, apesar de a vida ser bastante puxada na universidade, eu sinto muita falta daquele tempo. Tudo era muito legal e o que eu aprendi vai me servir por toda a vida. Posso dizer que aqueles foram os melhores anos da minha vida até agora.

Você fez estágios?

Sim. Como os cursos lá são muito puxados, durante o período de aulas o aluno internacional só pode trabalhar a partir do segundo ano e não pode trabalhar em outro local a não ser na faculdade. Porém, nós temos três meses e meio de férias no meio do ano (*summer break*), e aproveitamos este período para trabalhar. Ninguém fica parado nas férias. O ideal é trabalhar em algo que tenha a ver com seu curso, porém nem sempre isso é possível. Meu primeiro estágio foi na Fundação Lemann, cujo foco é a melhoria do sistema público de educação no Brasil. Apesar de minha pouca experiência profissional, eu me envolvi bastante nos projetos e atividades, e isso mostrou à McIntire (escola de comércio da UVA) que eu estava aproveitando meu tempo livre com atividades produtivas. Meus próximos dois *summer jobs* foram na Dow Química do Brasil, o primeiro na área de logística e o segundo na área de marketing. Poucas empresas no Brasil oferecem bons programas de estágio de verão, já que aqui o comum é estagiar junto com a faculdade. Mas isso tem mudado recentemente, principalmente graças à BRASA.[1] Aos poucos, algumas empresas daqui começam a perceber que um estudante trabalhando *full time* por dois meses e meio pode ser uma ajuda valiosa, principalmente porque somos produtivos. É muito

---

1 Brazilian Student Association — organização estudantil presente em diversas faculdades americanas, apresentada em um dos capítulos deste livro.

importante fazer esses estágios, mesmo que não sejam exatamente na área desejada, pois além de mergulharmos no ambiente profissional, mostramos à universidade e aos futuros empregadores que temos vontade. Bons estágios de verão podem ser decisivos na obtenção de um emprego ao sairmos da faculdade.

Fale um pouco do pós-faculdade.

Nos EUA, depois de formada, você tem direito a um visto de trabalho de um ano chamado OPT. Passado este ano, você precisa entrar em um sorteio anual para obtenção de outro visto mais longo, chamado H1B. Porém, uma empresa precisa estar disposta a patrocinar este visto, já que o processo para entrar neste sorteio tem um custo, que é pago pela própria empresa na qual você estiver trabalhando. Então, é preciso achar alguma empresa que tope correr esse risco, pois pode ser que ela tenha este gasto e você não seja sorteada. Durante meu último ano na faculdade, fui conversando com meus amigos e com ex-alunos da UVA e da McIntire que já estavam empregados em busca de entender melhor as possibilidades de empregos nos EUA. Dessa forma, depois de formada eu fui contratada pelo JP Morgan em Nova York para trabalhar em *private banking*,[1] no time Brasil. O JP topou bancar o custo do processo do visto, mas depois de um ano eu não fui sorteada, então não pude mais ficar nos EUA. Como eu sabia desde formada que as possibilidades de eu não obter o visto via sorteio eram altas, eu já estava fazendo meus contatos aqui no Brasil durante o meu primeiro ano de trabalho. Em julho de 2016, voltei para o Brasil e comecei a trabalhar em um *family office*, e estou adorando o trabalho.

---

1 Área do banco que gere o patrimônio de grandes clientes e envolve investimentos, captação de recursos e concessão de empréstimos.

Você acha que os brasileiros têm alguma vantagem quando procuram emprego em empresas nos EUA que tenham interesse no mercado brasileiro?

Você tem que saber se diferenciar. Na faculdade, eu criei uma organização brasileira, fiz pesquisa sobre o Brasil e promovi uma conferência sobre o país. Esta é uma forma de você se destacar. Competir com os americanos na área deles não é fácil, mas quando o assunto é Brasil nós temos vantagens e podemos usar isso. Mas não basta ser brasileiro. É preciso desenvolver atividades que vão fazer você se sobressair.

Que sugestões você daria para um jovem que está considerando a possibilidade de estudar nos EUA?

Estou muito feliz hoje, mas, como eu já disse, os meus anos de faculdade foram os melhores da minha vida. Eu faria tudo de novo, mesmo com todo o esforço exigido. Acho que uma dica importante é levar tudo muito a sério. Além disso, seja você mesma. Seja autêntica durante o processo de *application* e não tente parecer ser aquilo que você não é só para agradar as escolas para as quais você vai se candidatar. Dê muita atenção a todas as etapas do processo. Eu tenho certeza de que meus *essays* contaram muito na minha aceitação. Na faculdade, aproveite todos os recursos que a escola oferece. Os professores nos EUA dão muitas oportunidades aos alunos, mas tudo depende de você, da sua vontade de aprender e de crescer. Eu sempre fui uma boa aluna aqui no Brasil, mas eu não me sentia motivada pelos meus professores. Eles não me forçavam a explorar todo o meu potencial. Nos EUA, os professores puxam você. Eles querem que você realmente progrida. Lá a gente consegue atingir um nível que jamais imaginava alcançar. E, por último, se for possível, visite as escolas em que você foi aceita antes de se decidir para qual ir. Isto fez uma grande diferença na minha escolha.

CAPÍTULO 19

A BRASA — BRAZILIAN STUDENT ASSOCIATION

"O Brasil é muito impopular no Brasil."

NELSON RODRIGUES

Em diversas entrevistas que fiz para este livro, esbarrei no nome da BRASA, que, de acordo com seu site, "É uma organização sem fins lucrativos que se constitui de uma rede de estudantes brasileiros que estão morando fora de seu país de origem em busca de novos sonhos e desafios".

Tanto os alunos quanto os profissionais que contatei falaram bem da associação. Decidi, então, incluir este capítulo com uma ótima entrevista concedida por um dos membros da BRASA, João Pedro Queiroga Zancanaro, estudante na UCLA. Minha sugestão é que você busque informações sobre a BRASA no endereço www.brasa.org, mesmo antes de começar seu processo de *application*. A associação tem se tornado uma referência para estudantes brasileiros no exterior e promove regularmente, entre diversas outras atividades, seminários bastante concorridos, com presença de pessoas que se destacam no cenário político e econômico brasileiro.

A entrevista a seguir é bastante esclarecedora.

O que é a BRASA?

A BRASA é a maior organização de estudantes brasileiros no exterior. Atualmente ela está presente mais de 60 universidades, com um foco maior nos Estados Unidos, porém também presente na França, Inglaterra, Portugal, e China.

Como e quando ela surgiu?

A BRASA surgiu em 2013, quando estudantes de algumas universidades no leste dos Estados Unidos viram a necessidade de conectar brasileiros que estudavam no exterior. A organização tem crescido desde então.

Como ela é estruturada? Onde fica? Ela atua em escolas no mundo todo?

No nível local, existem as BRASAS Locais, uma por universidade, que têm independência para realizar seus eventos e organizar sua estrutura (que geralmente contêm presidente, vice-presidente, tesoureiro, secretário, gerente de eventos, dentre outros). Além destas, existem BRASAS Cidades, que são grupos formados em cidades que contêm uma grande concentração de brasileiros, mas que não têm BRASAS Locais, como Paris, Lille e Grenoble.

Acima dessas, existe o Board da BRASA, a estrutura que controla todas as atividades da BRASA e a atuação das BRASAS Locais e Cidades. O Board é estruturado em diferentes equipes, uma para cada atividade da BRASA (como a equipe Pré e a equipe de Conferências) e outras para atividades mais gerais (como Marketing, Tech). Cada equipe possui um diretor e todos eles estão abaixo apenas do COO e do CEO da organização.

Qual é a finalidade da BRASA?

Ajudar aqueles que desejam estudar fora, conectar aqueles que estudam fora, e incentivar estudantes a se tornarem líderes e contribuírem para o futuro do nosso país.

Ela está presente em quantas escolas?

Em 75 universidades ao redor do mundo.

Quais são suas principais atividades?

- **BRASA Pré** – oferecer mentoria para estudantes do ensino médio no Brasil que desejam estudar no exterior.
- **Conferências** – promover eventos nos quais palestrantes são convidados a dialogar com os estudantes: a BrazUSC (a principal conferência), a BRASA Leads, a BRASCON (para estudantes de pós-graduação), e a BRASA Leads Europa.
- **Next** – oferecer mentoria para undergraduates.
- **Carreiras** – fazer parceria com empresas brasileiras para o oferecimento de vagas de estágio de verão.
- **Impactus** – impactar a sociedade brasileira e tratar de seus problemas sociais.

Como a BRASA atua nas empresas brasileiras que oferecem estágios para brasileiros que estudam nos EUA?

A BRASA forma parcerias com empresas brasileiras para oferecer oportunidades de trabalho de verão no Brasil, uma vez que o número desses estágios é bastante limitado atualmente (a maioria das oportunidades existe apenas em São Paulo).

Como a Brasa obtém recursos?

Primariamente por meio de patrocínio, e secundariamente por meio da venda de produtos BRASA, como inscrições em conferências, canecas e vestuário.

Como o aluno faz para se tornar um Brasinha (associado à BRASA)?

Existem duas formas: a primeira é fazendo parte das BRASAS Locais e Cidades e envolvendo-se com as atividades locais. A segunda é envolvendo-se com atividades do Board como assistindo conferências, tornando-se um mentor, cadastrando-se em um programa de mentoria, e/ou competindo no BRASA Impactus. Para oficializar sua associação com a BRASA, no entanto, basta adquirir um BRASA ID e se cadastrar na nossa base de dados em gobrasa.org. Deixo claro, porém, que associar-se oficialmente à BRASA não é requisito para, por exemplo, participar de uma conferência ou de uma BRASA Local.

Quantos alunos são associados à BRASA?

Entre 3.500 e 4 mil.

É só para undergraduates?

Não, *graduates* (alunos de pós-graduação) também podem se envolver com as atividades da BRASA; participar do Impactus, entrar no nosso Board ou em uma BRASA Local, se tornar mentor e assistir às conferências. Inclusive, uma das conferências da Brasa é especificamente voltada para estudantes de Pós-Graduação.

Quais são os planos futuros da BRASA?

Continuar o nosso trabalho e seguir crescendo e auxiliando cada vez mais estudantes brasileiros ao redor do mundo, além de criar novas iniciativas para seguir com os nossos objetivos. Por exemplo, o comitê Impactus, recentemente criado, organizou uma competição para auxiliar comunidades do Nordeste do Brasil.

O que você diria para quem pretende estudar nos EUA?

Pesquise sobre o processo com antecedência, tente envolver-se com o Brasa Pré ou a Fundação Estudar, e trilhe um bom caminho no ensino médio, focando tanto na sua *performance* acadêmica quanto em atividades extracurriculares. Corra atrás de suas paixões durante esse período e pesquise sobre as universidades de seu interesse. Aplique para quantas universidades for possível e inclua nessas *applications safe schools* (escolas nas quais você terá maiores chances de aceitação), universidades cujo perfil é similar ao seu, e também suas *dream schools* (escolas dos sonhos).

CAPÍTULO 20

CRÍTICAS AO SISTEMA DE ENSINO AMERICANO

"Crítica construtiva é aquela que nós fazemos; crítica destrutiva é aquela que nós recebemos."

AUTOR DESCONHECIDO

Incluí este capítulo apenas como um contraponto ao tema do livro. Os rumos do ensino superior nos EUA têm sido debatidos com efervescência pela sociedade americana, sendo um assunto muito polêmico. Por isso, pensei que seria interessante apresentar seus principais pontos. Se você ler alguns artigos e livros que mencionei nas referências deste capítulo, principalmente os relacionados a Frank Bruni e William Deresiewicz, verá que o clima está quente entre os debatedores.

A inigualável estrutura educacional construída nos EUA mostra a importância que aquele povo atribui à educação. Eles possuem muitas das melhores universidades do mundo e o ensino é levado muito a sério.

Dentro da efervescência intelectual americana, a discussão que começa a se disseminar entre especialistas em educação é a de que há algo errado nos rumos da educação superior naquele país, e diversos trabalhos e livros dedicados a este tema começam a surgir.

Uma das críticas é que a educação superior, incluindo graduação e pós-graduação, está muito cara, o que a torna mais elitista; parte dos americanos vem se endividando cada vez

CRÍTICAS AO SISTEMA DE ENSINO AMERICANO

mais por meio de empréstimos a fim de obter uma educação superior. Em 2016, os empréstimos estudantis teriam atingido o montante de aproximadamente US$ 1,3 trilhão, com 44 milhões de devedores, sendo 40% desse valor referente a estudos de pós-graduação e profissionalizantes. Os estudantes que se formaram em 2016 teriam uma dívida média em torno de US$ 37 mil. Certamente esta não é uma boa forma de começar a vida profissional. Além disso, ao contrário do que muitas pessoas pensam, os juros sobre empréstimos estudantis não são baixos. Dados de 2016 indicam que eles podem variar entre 4,29% a 6,84% ao ano, no caso de empréstimos federais, e de 9% a 12%, no caso de empréstimos de bancos privados, sem contar eventuais despesas extras referentes ao empréstimo. Isso em um país onde as taxas de inflação são inferiores a 2%. A taxa dos empréstimos, portanto, não é baixa. Quase quatro milhões de devedores não estão pagando seus empréstimos estudantis, e o atraso já teria atingido a casa dos US$ 63 bilhões.

Os valores de *tuition & fees* e *room and board* subiram significativamente nas últimas décadas. Enquanto o CPI[1] acumulado foi de aproximadamente 120% no prazo de 34 anos (de 1980 a 2014), os preços médios das universidades subiram 260% no mesmo período. Em 1980, o custo médio de *tuition* em um curso superior de 4 anos era de aproximadamente US$ 9.400. Hoje, este valor está em torno de US$ 24 mil. A parte positiva dessa notícia é que isso ocorreu porque houve um aumento significativo no número de pessoas buscando uma educação superior. A parte negativa é que o aumento de custos proveniente dessa maior procura caiu principalmente no colo

---

1 Consumer Price Index (CPI), ou Índice de Preços ao Consumidor, é o índice de inflação nos EUA.

dos alunos por meio das *tuitions*. E o volume de empréstimos governamentais, mesmo sendo caros, não acompanhou proporcionalmente este aumento de demanda.

O aumento do custo das mensalidades não estaria ligado somente à contratação de mais professores e funcionários em função do crescente número de alunos. As universidades estariam gastando demais com amenidades como quadras de tênis, academias de ginástica e piscinas caras; tudo isso seria utilizado para atrair estudantes, causando aumento nos custos de manutenção das escolas.

Outra crítica é que tem havido uma *grade inflation*[1] generalizada no ensino superior. Para evitar confrontos e por receio de serem mal avaliados, os professores estariam atribuindo notas mais elevadas a seus alunos. A partir da década de 90, as médias dos estudantes têm se elevado. O mais preocupante, no entanto, é que o nível dos alunos não se elevou neste mesmo período. Na verdade, o que ocorreu foi o contrário, uma vez que o número de horas estudadas pelos alunos declinou.

Um outro ponto é que as universidades estariam atribuindo um peso muito grande à pesquisa em detrimento do ensino tradicional. Os melhores professores não estariam mais em sala de aula, mas sim em projetos de pesquisa; além disso, quando eles lecionam, o foco estaria nos alunos de pós-graduação.

Uma forma de verificar como as escolas que você escolheu se comportam em relação a este ponto é observar qual o percentual de professores (*faculty*)[2] que lecionam para *undergraduates*. Muitas escolas fazem propaganda de seus professores como ganhadores de prêmios importantes. Sem dúvida, possuir

---

1 Inflação das notas escolares (aumento artificial das notas escolares)
2 Corpo docente.

CRÍTICAS AO SISTEMA DE ENSINO AMERICANO

professores com essas qualificações é importante e contribui para o clima intelectual da escola, mas os alunos, principalmente *undergraduates*, devem saber que dificilmente eles terão algum contato regular com esses professores. Alguns críticos dizem que está na hora de os melhores professores lecionarem para os *undergraduates* também. Afinal, eles afirmam, a finalidade do ensino superior é fornecer uma boa educação aos jovens que dirigirão o país no futuro, não simplesmente treiná-los para obter um bom emprego depois do curso.

Os pontos acima são apenas um breve resumo das discussões que têm ocorrido nos EUA. Se você quiser informações mais detalhadas, pesquise e consulte os livros e textos mencionados nas referências deste capítulo, no fim do livro.

CAPÍTULO 21

MÃOS À OBRA

"Tudo vale a pena, quando a alma não é pequena."

FERNANDO PESSOA

A gora a bola está com você. Note que em praticamente todos os depoimentos colhidos com pessoas que trilharam um caminho de sucesso, as grandes dicas são planejamento e dedicação aos estudos. Faça o melhor que você puder e, desta forma, você será aceito pelas melhores escolas que estiverem ao seu alcance.

Não se prenda aos nomes mais conhecidos no Brasil, pois os EUA possuem muitas universidades e *colleges* de excelente qualidade, muitos dos quais, embora sejam totalmente desconhecidos no Brasil, oferecem um ensino de excepcional qualidade e um ambiente onde você poderá desenvolver ao máximo o seu potencial.

Explore, converse com especialistas, com alunos e ex-alunos, vá a seminários e apresentações das escolas e, caso você tenha condições financeiras, visite pessoalmente as escolas onde planeja estudar. Se não tiver, faça tours virtuais, sempre disponíveis. Desta forma você encontrará a escola dos seus sonhos. Não somente uma, mas um número mais do que suficiente para construir uma boa lista.

Agarre esta oportunidade com determinação. Tenha certeza de que estudar nos EUA será uma experiência inesquecível.

AGRADECIMENTOS

Para escrever este livro, dependi direta e indiretamente de muitas pessoas. Mantive contato frequente com algumas, enquanto com outras conversei por apenas algumas horas. No entanto, todas essas pessoas, sem exceção, demonstraram grande entusiasmo por seu trabalho.

Talvez isso se deva ao fascínio que o assunto estudar fora cause, ou talvez esteja ligado à população jovem e empolgada ligada a essas atividades. A verdade é que todos eles me passaram uma impressão de muito profissionalismo e de intensa dedicação ao trabalho. Eles vibram com o sucesso dos jovens sob sua orientação.

Isso aumentou minha responsabilidade na preparação deste livro, um trabalho que desempenhei com dedicação e alegria, embora tenha sido árduo. Imaginar que um jovem sinta-se motivado a viver a riquíssima experiência de obter uma formação no exterior após ler este livro é minha maior recompensa.

O que coloquei aqui foi o resultado de muita leitura e pesquisa, mas principalmente de muitas conversas com pessoas que entendem do assunto. No entanto, eventuais erros cometidos são de minha inteira responsabilidade.

Muitas das informações apresentadas neste livro resultaram de conversas, consultas e indicações de Felipe Fonseca, sócio da *Daquiprafora,* que foi um grande incentivador deste trabalho e indicou a maioria das pessoas com quem conversei, além de alguns dos livros e artigos que li. O resultado das inúmeras conversas que tive com o Felipe está presente em praticamente todos os capítulos deste livro. Meu muito obrigado a ele e a toda sua esquipe.

Agradeço à Carolina Lyrio e à Cecília Sousa, da Fundação Estudar, que conseguiram encontrar tempo em meio a uma agenda sempre corrida para me receber e explicar como funciona o trabalho da fundação e a importância que ela tem na realização do sonho de inúmeros jovens.

À Mônica Noronha, sócia-fundadora da *Into the Future,* meu muito obrigado pelos ótimos esclarecimentos sobre os intrincados mercados de estágio e trabalho para os estudantes e pelas valiosas dicas passadas durante sua entrevista.

Meus agradecimentos a Aline Altschul, Bárbara Pereta, Carolina Guenther, Daniel Gildin, Daniel Narciso Amaral, Fernando Belardinelli, Gustavo Zanette, João Pedro Queiroga Zancanaro, João Victor da Silva e Raul Dagir pelo tempo que encontraram para me atender e por terem permitido que eu utilizasse seus depoimentos neste livro. Suas histórias e informações são uma fonte de inspiração para aqueles que desejam seguir seus exemplos de sucesso. Thiago Souza foi o único que não consegui contatar, mas fica aqui igualmente meu agradecimento.

Agradeço também a Andrea Sebben pela ótima entrevista e excelentes dicas sobre a adaptação aos EUA.

A confiança e o apoio de Pedro Almeida e da Faro Editorial foram fundamentais para que este trabalho pudesse ser levado

AGRADECIMENTOS

ao maior número possível de jovens e famílias. Muito obrigado a ambos.

Algumas pessoas leram parcial ou integralmente o material depois de pronto e fizeram preciosas sugestões. Foram eles Arthur Costa, Eliane Buzzetto, Fábio de Almeida Lopes Araújo e Fernanda Luiz.

Agradeço ao Luís Fernando Ramos Dias pelos gráficos.

Por motivos profissionais, algumas pessoas consultadas solicitaram que seus nomes não fossem mencionados. A elas, fica aqui meu agradecimento.

Para efetuar a tradução do material em inglês, utilizei o dicionário on-line *Merriam Webster*, cujo acesso é público. Muitas vezes, a tradução não foi literal, porque não teria sentido na nossa língua; nesses casos, fiz as adaptações que julguei necessárias.

O volume de informações disponíveis nos EUA sobre as universidades americanas e seus processos de admissão é simplesmente imensurável. Meu agradecimento a todos os autores dos diversos textos listados em *Referências,* cujas leituras foram inspiradoras e informativas.

WEBSITES INTERESSANTES

Ana Galdino Assessoria em Documentação: www.anagaldinoassessoria.com.br/

Andrea Sebben: www.andreasebben.com/

Associação Alumni: www.alumni.org.br/

Belta-Brazilian Educational & Language Travel Association: www.belta.org.br

Coalition for Access, Affordability, and Success: www.coalitionforcollegeaccess.org/

College Board: www.collegeboard.org

College Confidential: www.collegeconfidential.org

College Data: www.collegedata.com

WEBSITES INTERESSANTES

Common Application: www.commonapp.org

Coursera: www.coursera.org

CSUMentor: www.csumentor.edu

Daquiprafora: www.daquiprafora.com.br

Education USA Brasil: www.educationusa.org.br.

FK Partners: www.fkpartners.com/

Fundação Estudar: www.estudar.org.br

IELTS: www.britishcouncil.org.br

Into the Future: www.beintothefuture.com

Ismart: www.ismart.org.br/

PrepScholar: www.prepscholar.com

Student Travel Bureau: www.stb.com.br

TOEFL: www.ets.org

UC Admissions: https://universityofcalifornia.edu/apply

UC Campus Tour Information: http://admission.universityofca-lifornia.edu/campuses/visit-uc/index.html

Virginia Center School: www.virginiacenter.com.br/

TERMOS-CHAVE EM INGLÊS

Admissions Committee: Comitê de Admissões (pessoas que definirão quais candidatos serão ou não aceitos).

Admission office: escritório da escola responsável pelo processo de admissão.

Application: os formulários e documentos que são preenchidos e enviados às universidades americanas pelos candidatos.

Application fee: taxa paga à universidade no envio da *application*.

Bachelor degree: bacharelado, que no Brasil corresponde à graduação.

Career Center: local da universidade onde os alunos podem receber orientação sobre carreiras.

College tour: visita às dependências da escola.

Community College: escola pública municipal que oferece cursos de dois anos.

Deadline: data-limite.

Double Major: dupla graduação.

Entrance difficulty: dificuldade de admissão.

Essay: redação.

Financial aid: ajuda financeira.

Freshman: aluno do primeiro ano (nos quatro anos, os alunos são *freshman*, *sophomore*, *junior* e *senior*).

Full tuition: anuidade total (sem bolsa).

GPA: Grade Point Average, média das notas do aluno.

TERMOS-CHAVE EM INGLÊS

High School: o equivalente ao nono ano do ensino fundamental mais os três anos do ensino médio no Brasil.

Honors: honrarias.

Housing: moradia.

In state: residente do estado.

Ivy League: a origem do nome é controversa e oito escolas a compõem: Brown, Columbia, Cornell, Dartmouth, Harvard, Pennsylvania, Princeton e Yale.

Legacy: preferência dada a determinado candidato no processo de *application* por ele ter uma relação familiar com algum ex-aluno da universidade.

Liberal Arts: artes liberais.

Major: principal área de estudo de um aluno universitário.

Merit-based aid: auxílio financeiro por mérito.

Minor: área de especialização.

Need-based aid: auxílio por necessidade financeira.

Need-blind: sistema utilizado para análise da *application* que não faz nenhuma diferenciação entre alunos que precisam e que não precisam de bolsa.

Office Hours: horário em que o professor estará disponível para receber estudantes em seu gabinete.

Personal Statement: declaração pessoal.

Ranking: classificação das escolas.

Roommate: colega de quarto.

Scholarship funding: recurso para bolsas.

Spring-break: feriado da primavera, em geral de uma semana entre março e abril.

STEM: acrônimo para Science (Ciências), Technology (Tecnologia), Engineering (Engenharia) e Mathematics (Matemática).

Summer job: estágio ou emprego de verão.

Superscore: combinação dos melhores *scores* obtidos nos diversos testes prestados.

Test score: pontuação obtida no teste.

Tuition & Fees: mensalidades escolares e taxas.

Undecided: indeciso.

Unweighted: não ponderado.

Weighted: ponderado.

REFERÊNCIAS

CAPÍTULO 5 – BOLSAS DE ESTUDO

http://vestibular.uol.com.br/ultimas-noticias/2011/09/21/com-bolsa-de-estudos-aluno-de-escola-publica-realiza-sonho-de-estudar-em-harvard.jhtm.

http://www.portalodia.com/noticias/brasil/ex-aluno-de-escola-publica-e-aprovado-em-dez-universidades-americanas-265196.html.

Institute of International Education, Primary Source of Funding 2015/16 (https://www.iie.org/Research-and-Insights/Open-Doors).

Laura Bridgestock, Guide to Need-Blind Admission at US Universities, QS Top Universities, 21 set 2015 (http://www.topuniversities.com/student-info/admissions-advice/guide-need-blind-admission-us-universities).

Lynn O'Shaughnessy, US News & World Report, 7 Things You Need to Know About Private Scholarships (http://www.usnews.com/education/blogs/the-college-solution/2011/02/01/7-things-you-need-to-know-about-private-scholarships).

Lynn O'Shaughnessy, CBS News, How Rare Are Full-Ride Scholarships?, 24/1/2011 (http://www.cbsnews.com/news/how-rare-are-full-ride-scholarships/).

The Princeton Review, Need-Based Aid vs. Merit-Based Aid (https://www.princetonreview.com/college-advice/need-based-merit-based).

REFERÊNCIAS

CAPÍTULO 6 – O CANDIDATO ATLETA

Athnet GET RECRUITED to Play College Sports, Academic Requirements for College Athletes (http://www.athleticscholarships.net/academic-requirements.htm).

Athnet GET RECRUITED to Play College Sports, Explanation of the National Letter of Intent, NLI (http://www.athleticscholarships.net/what-is-the-national-letter-of-intent.htm).

NCAA, Test Scores (http://www.ncaa.org/student-athletes/future/test-scores).

NLI — National Letter of Intent — NLI Frequently Asked Questions (http://www.nationalletter.org/frequentlyAskedQuestions/signingTheNli.html).

CAPÍTULO 7 – POR QUE ESTUDAR EM UMA ESCOLA AMERICANA

2016 College Guide and Rankings Washington Monthly (http://washingtonmonthly.com/college_guide).

The 2016 Washington Monthly College Guide and Rankings are Out! These are America's top schools — for low- and middle-income students, for adult learners, and for the country. by Paul Glastris . August 29, 2016 10:54 AM (http://washingtonmonthly.com/2016/08/29/the-2016-washington-monthly-college-guide-and-rankings-are-out/).

How Studying Abroad Makes You A Better Leader. By Shellie Karabell. Forbes (http://www.forbes.com/sites/shelliekarabell/2016/01/29/how-studying--abroad-makes-you-a-better-leader/#230caec32a2a).

CAPÍTULO 8 – AS ESCOLAS AMERICANAS

Public University vs. Private College. By Peterson's Staffon Tuesday, September 29, 2015. (https://www.petersons.com/college-search/public-university--vs-private.aspx).

Should you choose a public or private college?By Jon Fortenbury 5:16 pm EST October 28, 2013 (http://college.usatoday.com/2013/10/28/should--you-choose-a-public-or-private-college/).

What is the Difference between a Public and Private University?Updated: June 28, 2016 . By Brianna Burrows. (https://www.studyusa.com/en/a/1290/what-is-the-difference-between-a-public-and-private-university).

231

EMILIO COSTA

What is a Public University? What is a Private University? January 3, 2013. Homeland Securities. Study in the USA (https://studyinthestates.dhs. gov/2013/01/what-is-a-public-university-what-is-a-private-university).

Liberal arts colleges in the United States (https://en.wikipedia.org/wiki/Liberal_arts_colleges_in_the_United_States).

Wess Advisor. Thursday, September 11, 2014. Differences Between Liberal Arts Colleges and Universities. By Yuanyuan "Rebecca" Fang (http://www.wesstudentadvisor.org/2014/09/liberal-arts-versus-national-university.html).

Liberal Arts College or Research University: What's the Difference? College Choice (http://www.collegechoice.net/choice/liberal-arts-college-or--research-university-whats-the-difference/)

Liberal Arts College vs. University (https://ink.niche.com/liberal-arts-college--vs-university/).

The Liberal Arts Colleges Whose Graduates Earn The Most. Susan Adams (http://www.forbes.com/sites/susanadams/2014/09/15/the-liberal-arts-colleges-whose-graduates-earn-the-most/).

MIT Admissions. Admissions Statistics (http://mitadmissions.org/apply/process/stats).

Harvard Gazette (A record high for applications) (http://news.harvard.edu/gazette/story/2016/02/a-record-high-for-applications/).

Harvard Magazine. Harvard admits record-low 5.2 percent of applicants to class of 2020 (http://harvardmagazine.com/2016/04/harvard-accepts-record-low-5-2-percent-of-applicants-to-class-of-2020).

College Simply. Harvard Admissions Chances. (http://www.collegesimply.com/colleges/massachusetts/harvard-university/admission/).

MIT Admissions. Just to be clear: we don't do legacy. By Chris Peterson (http://mitadmissions.org/blogs/entry/just-to-be-clear-we-dont-do-legacy).

The Economist. Dec 29th 2004 | washington, dc. Meritocracy in America. Ever higher society, ever harder to ascend. Whatever happened to the belief that any American could get to the top?(http://www.economist.com/node/3518560).

SAT: Score Range: What's a Good SAT score for Colleges, by Chris Lele ON June 2, 2016 IN SAT.

Estudar Fora, Fundação Estudar, "Fazer medicina nos Estados Unidos é inviável para brasileiros", publicado em 5/10/2016 (https://www.estudarfora.org.br/fazer-medicina-nos-estados-unidos-e-inviavel-para-brasileiros/).

Estudar Fora, Fundação Estudar, "Entenda como estudar Direito, Medicina, Odontologia ou Veterinária nos EUA", publicado em 9/4/2015.

REFERÊNCIAS

CAPÍTULO 9 – O SISTEMA DE ADMISSÃO ÀS ESCOLAS AMERICANAS

SAT Subject Test Requirements and Recommendations. By Art SawyerCollege Admission Requirements, SAT Subject Tests (http://www.compassprep. com/subject-test-requirements-and-recommendations/#comments).

SAT (https://pt.wikipedia.org/wiki/SAT).

The ACT vs The SAT. Created by:Anthony-James Green (https://greentestprep. com/resources/sat-prep/act-vs-sat/sat-act-differences/).

ACT vs SAT: Key differences between the ACT and SAT. StudyPoints — Tips and advice on education, tutoring and college prep. (http://www.studypoint. com/ed/act-vs-sat/).

PrepScholar. New SAT Conversion Chart: Old 2400 to New 1600 (Official), by Allen Cheng, May 13, 2016 (http://blog.prepscholar.com/new-sat-conversion-chart-old-2400-to-new-1600).

SAT / ACT Prep Online Guides and Tips. ACT Percentiles and Score Rankings. Posted by Halle EdwardsFeb 8, 2015 5:30:00 PM (http://blog.prepscholar. com/act-percentiles-and-score-rankings).

CollegeBoard. Concordance Tables. Released: May 9, 2016 (https://collegereadiness.collegeboard.org/pdf/higher-ed-brief-sat-concordance.pdf).

ACT (test) (https://en.wikipedia.org/wiki/ACT_(test)).

Estudar Fora. Rumo às melhores unversidades do mundo. Cartas de Recomendação. 18.07.13. (https://www.estudarfora.org.br/cartas-de-recomendacao/).

A importância das atividades extra-curriculares para se ingressar em uma universidade americana. Blog Daquiprafora. 25 de setembro (http://blog. daquiprafora.com.br/?p=5645).

4 atividades extracurriculares que vão melhorar seu currículo. 3 de janeiro de 2013. Universia Brasil (http://noticias.universia.com.br/emprego/noticia/2013/ 01/03/981669/4-atividades-extracurriculares-vo-melhorar-seu-curriculo.html).

Amazing Extracurricular Activity Examples for College Applications. By Christine Sarikas. Nov 9,2015. (http://blog.prepscholar.com/extracurricular-activities-examples-for-college-applications).

Trisha Alcisto, Magoosh IELTS BlogWhat is a good IELTS score?, 20/2/2016 (https://magoosh.com/ielts/what-is-a-good-ielts-score/).

Kate Hardin, Magoosh TOEFL Blog, What is a Good TOEFL Score? 14/1/2014 (https://magoosh.com/toefl/2014/what-is-a-good-toefl-score/).

NYU/TISCH. Admissions. Applying to NYU and The Film & Television Portfolio requirements (http://tisch.nyu.edu/film-tv/admissions_film_tv_portfolio).

De um Community College para uma Universidade Americana (Publicado em agosto de 2009 no blog.daquiprafora.com.br).

EMILIO COSTA

De uma Universidade Americana para outra Universidade Americana (Publicado em julho de 2016 no blog.daquiprafora.com.br).

Alunos perdem vaga em Harvard após mensagens sexistas e racistas. O Estado de São Paulo, em 5/6/2017 (http://emais.estadao.com.br/noticias/comportamento,alunos-perdem-vaga-em-harvard-apos-mensagens-sexistas-e-racistas,70001827239).

PrepScholar

What Are Good Questions to Ask in a College Interview?

Posted by Justin Berkman | Dec 19, 2015.

The Complete List of Colleges That Require Interviews

Posted by Rebecca Safier | Feb 5, 2016 7:00:00 PM.

CAPÍTULO 10 – COMO ESCOLHER A UNIVERSIDADE IDEAL PARA VOCÊ

https://nces.ed.gov/fastfacts/display.asp?id=84 (SOURCE: U.S. Department of Education, National Center for Education Statistics. (2016). Digest of Education Statistics, 2014 (NCES 2016-006), Chapter 2.

Emma — College of William and Mary — Class of 2016. I know everyone says this, but it's true: even if you don't get into your top schools, everything will work out. Collegedata (http://www.collegedata.com/cs/content/content_magarticle_tmpl.jhtml?articleId=30073).

CAPÍTULO 11 – COMO APLICAR

Common App vs. Coalition App: Which to choose? Posted Aug. 1, 2016, 9:32 a.m. by Suzanne Shaffer (https://www.teenlife.com/blogs/common-app-vs-coalition-app-which-choose).

US News & World Report. 10 Colleges That Receive the Most Applications. (http://www.usnews.com/education/best-colleges/the-short-list-college/articles/2016-09-27/10-colleges-that-receive-the-most-applications).

University of California Admissions. (http://admission.universityofcalifornia.edu/freshman/profiles/).

SDSU receives 83,000 Applications. SDSU NewsCenter (http://newscenter.sdsu.edu/sdsu_newscenter/news_story.aspx?sid=75956).

California Colleges.EDU. The Official Source for College & Career Planning in California. California State University Freshman Acceptance and Enrollment Rates 2015-2016 (https://secure.californiacolleges.edu/College_Planning/Explore_Schools/Enrollment_Rates/CSU_Enrollment_Rates.aspx).

REFERÊNCIAS

BU Today. Getting in: A Little Tougher Every Year. (https://www.bu.edu/today/2016/class-of-2020-applicants-break-record/).

Fuvest. Concurso Vestibular FUVEST 2017. Inscritos e relação candidatos/vaga. Informe nº 09/2017 10/11/2016 (http://www.fuvest.br/vest2017/informes/ii092017.html).

Forbes. How Many College Applications Are Too Many? Noodle Pros, contributor (http://www.forbes.com/sites/noodleeducation/2015/11/20/how--many-colleges-should-you-apply-to/#5072bf8a699b).

Collegedata. Get to Know the Common Application (http://www.collegedata.com/cs/content/content_getinarticle_tmpl.jhtml?articleId=10052).

Yale. The Common Application is one of three ways to apply to Yale for freshman admission. See if the Common Application is right for you. (https://admissions.yale.edu/common-application).

Yale. The Coalition Application. The Coalition Application is one of three ways to apply to Yale for freshman admission. See if the Coalition Application is right for you. (https://admissions.yale.edu/coalition-application).

University of California Admissions — Freshman http://admission.universityofcalifornia.edu/freshman/profiles/index.html.

Admit Guide/UC Admission Advising (http://admitguide.com/).

US News & World Report Top Public School national Universities 2017 (http://colleges.usnews.rankingsandreviews.com/best-colleges/rankings/national-universities/top-public).

University of California Admissions. Campuses. Visit UC. (http://admission.universityofcalifornia.edu/campuses/visit-uc/index.html).

University of California. UC applications break records for 12th straight year. (https://www.universityofcalifornia.edu/press-room/total-number-uc-applicants-tops-200000-12th-straight-year-record-high-numbers).

SAT / ACT Prep Online Guides and Tips. Ultimate Guide to the University of California Schools. By Justin Berkman. Dec 4, 2015 (http://blog.prepscholar.com/list-of-uc-schools-ranking).

University of California. Admissions. Counselors. Freshman Class Profiles. (http://admission.universityofcalifornia.edu/counselors/freshman/profiles/).

PrepScholar. GPA Chart: Conversion to 4.0 Scale. Posted by Dr. Anna Wulick. Sep 27, 2015 (http://blog.prepscholar.com/gpa-chart-conversion-to-4-0-scale).

CAPÍTULO 12 – QUANDO APLICAR

The Truth About Applying Early Decision or Early Action, by Dr. Kat Cohen 10/09/2013 03:18 pm ET | Updated Dec 09, 2013 http://www.huffingtonpost.com/kat-cohen/the-truth-about-applying-_1_b_4070821.html.

TopTier Admissions Ivy League Admission Statistics for Class of 2020 http://www.toptieradmissions.com/resources/college-admissions-statistics/ivy-league-admission-statistics-for-class-of-2020/

How to Tell if an Online Program Is Accredited. Beware of accreditation mills, which provide a false sense of legitimacy. By Devon Haynie | News Editor Oct. 16, 2013, at 9:30 a.m. http://www.usnews.com/education/online-education/articles/2013/10/16/how-to-tell-if-an-online-program-is-accredited.

Early Action, Early Decision, and Regular Decision: What's the Difference? Posted by Carolyn Pippen on Tuesday, August 13, 2013. http://admissions.vanderbilt.edu/vandybloggers/2013/08/early-action-early-decision-and-regular-decision-whats-the-difference/

CAPÍTULO 13 – AS APPLICATIONS FORAM ENVIADAS. E AGORA?

Viver nos EUA. Como é o calendário escolar nos Estados Unidos? 30/1/2011 (http://passaportebrasilusa.com/2011/01/ano-letivo-eua/).

PrepScholar. What Are AP Classes? Why Should You Take Them? Posted by Halle Edwards | Mar 8, 2015 10:30:00 PM (http://blog.prepscholar.com/what-are-ap-classes-and-why-should-you-take-them).

PrepScholar. Complete List of AP Courses and Tests. Posted by Halle Edwards | Mar 6, 2015 2:00:00 PM (http://blog.prepscholar.com/list-of-ap-exams).

CAPÍTULO 15 – COMO TER SUCESSO EM SUA ADAPTAÇÃO AOS EUA

United States Department of State, Bureau of Educational and Cultural Affairs, Exchange Programs, Adjusting to a New Culture (https://exchanges.state.gov/non-us/adjusting-new-culture).

International Student Guide, Adjusting to American Culture (http://www.internationalstudentguidetotheusa.com/articles/getting-involved-campus.htm).

We'll help you figure it out, CMHC, Texas Division of Student Affair (https://www.cmhc.utexas.edu/cultureadjustment.html).

CAPÍTULO 20 – CRÍTICAS AO SISTEMA DE ENSINO AMERICANO

A look at the shocking student loan debt statistics for 2016. Studente Loan Hero (https://studentloanhero.com/student-loan-debt-statistics/).

This chart shows how quickly college tuition has skyrocketed since 1980. By Abby Jackson. Business Insider (http://www.businessinsider.com/this-chart-shows-how-quickly-college-tuition-has-skyrocketed-since-1980-2015-7).

Student Loan Interest Rates: Everything You Need to Know. By Cat Alford. Studente Loan Hero (https://studentloanhero.com/featured/student-loan-interest-rates-everything-need-know/).

William Deresiewicz. "The Disadvantages of an Elite Education." The American Scholar. (https://theamericanscholar.org/the-disadvantages-of-an-elite-education/#).

Current US Inflation Rates: 2006-2016. US Inflation calculator. (http://www.usinflationcalculator.com/inflation/current-inflation-rates/).

William Deresiewicz. "Don't send your kids to the Ivy League" July 21, 2014. New Republic (https://newrepublic.com/article/118747/ivy-league-schools-are-overrated-send-your-kids-elsewhere).

The Trouble With Harvard. The Ivy League is broken and only standardized tests can fix it. By Steven Pinker. September 4, 2014. New Republic (https://newrepublic.com/authors/steven-pinker).

Why Frank Bruni is dead wrong. by: John A. Byrne on March 24, 2015 . Poets & Quants (http://poetsandquants.com/2015/03/24/why-frank-bruni-is-dead-wrong/).

Frank Bruni. "Where You Go Is Not Who You'll Be". An Antidote to the College Admissions Mania.

William Deresiewicz. "Excellent Sheep. The Miseducation of the American Elite".

ASSINE NOSSA NEWSLETTER E RECEBA INFORMAÇÕES DE TODOS OS LANÇAMENTOS

www.faroeditorial.com.br